Scoprire i Giochi Gratuiti Online

Disponibile Qui:

BestActivityBooks.com/FREEGAMES

5 CONSIGLI PER INIZIARE

1) COME RISOLVERE LE PAROLE INTRECCIATTE

I puzzle hanno un formato classico:

- Le parole sono nascoste senza spazi o trattini,...
- Orientamento: Le parole possono essere scritte in avanti, indietro, verso l'alto, verso il basso o in diagonale (possono essere invertite).
- Le parole possono sovrapporsi o intersecarsi.

2) APPRENDIMENTO ATTIVO

Accanto ad ogni parola c'è uno spazio per scrivere la traduzione. Per incoraggiare l'apprendimento attivo, un **DIZIONARIO** alla fine di questa edizione vi permetterà di controllare e ampliare le vostre conoscenze. Cerca e scrivi le traduzioni, trovale nel puzzle e aggiungile al tuo vocabolario!

3) SEGNARE LE PAROLE

Puoi inventare il tuo sistema di segni. Forse ne usi già uno? Per esempio, puoi segnare le parole difficili da trovare con una croce, le parole preferite con una stella, le parole nuove con un triangolo, le parole rare con un diamante, e così via.

4) STRUTTURARE L'APPRENDIMENTO

Questa edizione offre un **TACCUINO** alla fine del libro. In vacanza, in viaggio o a casa, puoi organizzare facilmente le tue nuove conoscenze senza bisogno di un secondo quaderno!

5) AVETE FINITO TUTTE LE GRIGLIE?

Nelle ultime pagine di questo libro, nella sezione della **SFIDA FINALE**, troverete un gioco gratuito!

Facile e veloce! Dai un'occhiata alla nostra collezione di libri di attività per il tuo prossimo momento di divertimento e **apprendimento,** a portata di clic!

Trova la tua prossima sfida su:

BestActivityBooks.com/MioProssimoLibro

Ai vostri posti, pronti...Via!

Sapevi che ci sono circa 7.000 lingue diverse nel mondo? Le parole sono preziose.

Amiamo le lingue e abbiamo lavorato duramente per creare libri di altissima qualità. I nostri ingredienti?

Una selezione di argomenti adatti all'apprendimento, tre buone porzioni di intrattenimento, una cucchiaiata di parole difficili e una spolverata di parole rare. Li serviamo con amore e entusiasmo in modo che tu possa risolvere i migliori giochi di parole e divertirti imparando!

La vostra opinione è essenziale. Puoi partecipare attivamente al successo di questo libro lasciandoci un commento. Ci piacerebbe sapere cosa ti è piaciuto di più di questa edizione.

Ecco un link veloce alla pagina dell'ordine:

BestBooksActivity.com/Recensione50

Grazie per il vostro aiuto e buon divertimento!

Tutta la squadra

1 - Salute e Benessere #2

```
I  S  H  Ë  N  D  E  T  S  H  Ë  M  E  U  W
J  R  D  O  K  X  I  I  L  I  X  A  N  C  Q
R  B  O  V  N  D  I  E  T  Ë  R  N  E  F  H
H  G  I  L  F  I  P  U  R  T  J  A  R  Y  I
S  N  T  R  A  S  C  E  R  C  B  T  G  T  G
B  T  I  I  Y  K  M  H  S  L  P  O  J  M  J
G  J  E  N  E  T  I  K  A  H  Z  M  I  I  I
V  C  E  O  Q  J  S  A  B  S  A  I  N  T  E
I  N  S  I  F  Z  K  J  N  D  Y  A  V  A  N
T  U  P  S  Z  Z  E  G  A  J  C  E  N  R  A
A  A  I  K  S  N  R  T  R  E  T  J  E  D  A
M  T  T  E  V  S  O  A  L  E  R  G  J  I  A
I  L  A  F  M  A  S  A  Z  H  A  B  B  H  M
N  U  L  N  S  Ë  M  U  N  D  J  E  J  E  I
A  O  T  I  R  E  Y  Q  H  S  U  Ë  T  D  M
```

ALERGJIA
ANATOMIA
OREKSI
KALORI
TRUPI
DIETË
TRETJE
DEHIDRATIM
ENERGJI
GJENETIKA

HIGJIENA
INFEKSIONI
SËMUNDJE
MASAZH
TË USHQYERIT
SPITAL
PESHA
GJAK
I SHËNDETSHËM
VITAMINA

2 - Aggettivi #2

```
V N E K I T A M A R D I E N P
A E O P R N S T N O G P K A Ë
U Ë I R I L T Y Y U E A R T R
T M O F M B G E F R Q S I Y S
E B Y A A A D M R I E T P R H
N Ë Z H X M L S B E S Ë U O K
T L B Z M H S E P Y S R R R R
I I F O R T Ë H P M I A R E U
K K R E N A R X Ë F K V N R E
E T N A G E L E F M U L R T S
F D B X P Ë R G J E G J Ë S E
T B P O N J J F S R T L T K J
P R O D U K T I V E P Y A U S
K R I J U E S I O W I P H F K
I S H Ë N D E T S H Ë M T X U
```

URI
THATË
AUTENTIKE
KRIJUES
PËRSHKRUES
E ËMBËL
DRAMATIKE
ELEGANTE
I FAMSHËM
I FORTË

INTERESANTE
NATYRORE
NORMALE
I RI
KRENAR
PRODUKTIVE
I PASTËR
PËRGJEGJËS
E KRIPUR
I SHËNDETSHËM

3 - Ingegneria

```
R  I  N  G  R  A  N  A  Z  H  E  T  Q  A  E
F  R  S  T  A  B  I  L  I  T  E  T  I  Y  M
W  O  O  N  A  F  T  Ë  K  Ë  N  D  A  O  A
R  K  R  T  A  J  T  I  R  A  G  O  L  L  T
U  L  J  C  U  H  W  Z  R  A  Z  F  Ë  E  J
E  D  I  S  Ë  L  L  E  H  T  G  Y  N  F  A
N  A  K  S  I  M  L  V  F  K  E  Ë  G  O  K
E  Q  W  H  K  A  L  I  W  Q  J  M  Q  K  P
R  J  T  E  R  K  H  M  M  B  S  A  A  Z  X
G  S  P  V  M  I  L  I  I  I  E  R  R  I  W
J  C  Z  P  K  N  V  T  Y  Q  T  G  H  A  D
I  T  I  R  V  Ë  H  R  S  T  H  A  W  E  T
E  J  R  A  D  N  R  Ë  P  H  S  I  T  H  C
P  M  O  T  O  R  B  D  J  C  L  D  G  Y  V
R  R  H  L  K  Y  I  N  A  I  F  U  O  Q  L
```

KËND
AKSI
LLOGARITJA
NDËRTIMI
DIAGRAMË
DIAMETRI
NAFTË
SHPËRNDARJE
ENERGJI
FORCË

INGRANAZHET
LËNG
MAKINË
MATJA
MOTOR
THELLËSI
SHTESJE
RROTULLIMI
STABILITETI

4 - Archeologia

```
P P R O F E S O R T M D W Q F
A I S Ë T H S A L E M Q F A O
N H S K R Q L S I M I V B F S
J P M O E D L H P P S R N K I
O N Y P L D U A I U T O R Y L
H A A E I D D R K L E F O A E
U S N R K V T R E L R P O V V
R Z T A E K K U K O N A B L M
A O K U L F G A S O H S J E F
O N H D D I L R P C C A E R C
I J X B W I Z X E U J R K Ë B
I W X P M E U A R E E D T S T
A I M I R Ë T E T Y Q H E I J
K O C K A T B T S G W Ë N M M
Q E R A M I K Ë V Z I S D I Y
```

ANALIZA	OBJEKTE
LASHTËSIA	KOCKAT
QERAMIKË	PROFESOR
QYTETËRIMI	RELIKE
HARRUAR	STUDIUES
PASARDHËS	PANJOHUR
EPOKË	EKIPI
EKSPERT	TEMPULL
FOSILE	VARRI
MISTER	VLERËSIMI

5 - Salute e Benessere #1

```
I  Z  L  N  A  I  T  V  E  G  B  U  Q  U  D
D  E  E  O  U  H  H  V  Y  H  L  Z  R  N  K
M  J  E  K  Ë  S  I  O  A  V  M  A  U  I  N
H  N  O  V  M  O  T  E  R  E  T  K  A  B  A
W  X  A  T  J  U  K  S  U  M  Y  O  E  P  K
T  R  A  J  T  I  M  I  T  U  O  N  S  L  I
Ç  L  O  D  H  J  E  R  S  V  T  N  K  N  N
O  T  V  F  M  B  B  A  O  E  Y  W  E  W  I
C  W  D  R  A  B  F  L  P  X  S  H  L  T  L
V  E  Q  S  Ë  R  U  K  Ë  L  O  D  F  Q  K
D  O  K  T  O  R  M  Y  E  K  T  I  E  W  D
O  O  V  G  Z  F  T  A  V  R  E  N  R  I  A
L  A  R  T  Ë  S  I  A  C  A  K  T  I  V  U
T  E  R  A  P  I  A  A  X  I  S  U  R  I  V
K  Y  G  F  R  A  K  T  U  R  Ë  D  D  X  Y
```

ZAKON	MUSKUJT
LARTËSIA	NERVAT
AKTIV	HORMONET
BAKTERET	LËKURËS
KLINIKA	POSTURA
URIA	REFLEKS
FARMACI	ÇLODHJE
FRAKTURË	TERAPIA
MJEKËSI	TRAJTIMI
DOKTOR	VIRUSI

6 - Aggettivi #1

```
Y D E N N N X N S O F V P X Z
I A O C O G X N C A G J Z O R
A F G U K A R X M R L R T V F
X M G V I T K A M T O G S S J
N P B C T H A E E I T V B P A
C E N I R Ë Ë K V S L D J N S
V R D R C T L I L T Y U U L L
C F E I J I L T E I G J A T Ë
E E R C Z E O O R K B U J A R
M K S B Q J H Z Ë E S D I D N
A T H D A M I K E N R E D O M
D L Ë D N Ë R E K I T N E D I
H O M G A R O M A T I K E O B
E H A B S O L U T E Z M H A S
E R Ë N D Ë S I S H M E N K R
```

AMBICIOZE	IDENTIKE
AROMATIKE	E RËNDËSISHME
ARTISTIKE	NGATHËT
ABSOLUTE	GJATË
AKTIV	MODERNE
I MADH	NDERSHËM
EKZOTIKE	PERFEKT
BUJAR	E RËNDË
I RI	ME VLERË
E MADHE	I HOLLË

7 - Geologia

```
W  U  R  T  Ë  R  M  E  T  G  M  C  M  K  Y
Y  O  I  Q  C  S  D  C  K  W  U  F  I  O  E
M  Q  T  I  T  K  A  L  A  T  S  R  N  N  J
S  H  P  E  L  L  Ë  C  Z  H  K  E  E  T  F
K  A  L  C  I  U  M  E  I  M  O  Z  R  I  O
K  R  I  P  Ë  E  G  C  P  D  R  J  A  N  S
N  O  U  V  O  W  J  X  G  S  A  E  L  E  I
F  L  E  O  I  O  J  T  J  D  L  G  E  N  L
A  N  K  R  I  S  T  A  L  E  V  D  T  T  E
E  R  O  Z  I  O  N  I  S  H  T  R  E  S  Ë
P  L  L  A  J  Ë  P  F  K  Z  I  E  W  U  L
C  V  U  L  L  K  A  N  N  U  X  X  M  L  Q
E  C  Q  E  G  O  L  B  R  B  A  R  S  A  S
S  T  A  L  A  G  M  I  T  E  T  R  I  V  J
I  M  W  R  B  B  B  L  S  S  G  B  C  A  E
```

ACID	LAVA
PLLAJË	MINERALET
KALCIUM	GUR
SHPELLË	KUARC
KONTINENT	KRIPË
KORAL	STALAGMITET
KRISTALE	STALAKTIT
EROZIONI	SHTRESË
FOSILE	TËRMET
GEJZER	VULLKAN

8 - Campeggio

```
K A N Ë H B R K G J M W K H N
A V F T E U Z Q Z C L Q A T O
B E S M S S C G D J M J N H G
I N G O T U U N G A A V O N P
N T B S Ë L E P A K I R E M Y
A U R J H L A A V F T K R A L
C R T U S H M M T K E S N I L
Q Ë K N F K Z I Ë A U U S N Q
S T G E A W I T M M J Q B E I
Q R X V K S L Ë E A G Q T Q H
N A T Y R A S G P H F O F I M
F H L J F A G R Ç A D Ë R L P
M K C J O P T A I J T R A K N
V B L P L K U I A C F L U T X
V X D S E F T O L T Z I S M G
```

PEMËT	ARGËTIM
HAMAK	PYLL
KAFSHËT	ZJARR
AVENTURË	INSEKT
BUSULL	LIQENI
KABINA	HËNA
GJUETIA	HARTË
KANOE	MAL
KAPELË	NATYRA
LITAR	ÇADËR

9 - Arti Visive

```
K M P G S A T L A B S F K Q P
C R L O Z R R P M F B O R E Ë
M Q I Q R B G T L E G T Y R R
D S M J B T W S I H A O E A B
Y M I M I P R M F S M G V M Ë
P E R W L M J E E I T R E I R
P L U U L M T R T L R A P K J
S L R C Y K I A L K O F Ë Ë A
Ë A D U D Z H H R X A I R Z F
M K R S P A L O L I T S V I M
U X Y S O J L A P S M V E A R
K Ë M B A L E C O M F V H J T
H G Y P E R S P E K T I V Ë T
S P Q S K U L P T U R Ë X D K
A R K I T E K T U R Ë G E F J
```

ARKITEKTURË
BALTA
ARTIST
KRYEVEPËR
QYMYR DRURI
KËMBALEC
DYLLI
QERAMIKË
PËRBËRJA
KRIJIMTARI

FILM
FOTOGRAFI
SHKUMËS
LAPS
STILOLAPS
PERSPEKTIVË
PORTRET
SKULPTURË
KLISHE
LLAK

10 - Tempo

```
V J E T O R Y J F E R N R Q T
P L R J E L M A P A C U M W W
L M U A J J S V X R S V A A C
J Q I X D W J A I D H O R Ë W
R X H F R N S Y P H E L A V V
O U L Y T N E M O M K E P A S
V L X E O X J L C J U I U I H
M I R Q S F G A A A L C Z L W
E G T M D I N T L K L L K M D
S I D I N Q Ë T U N I M H L E
D P I R X A M E O W F B E D K
I F T J A I T J E P H S Ë S A
T N A K V P S Ë U O O N P K D
Ë K R P J U U A N L K I W C E
X N Z X I V Q T Z T V Z Y W H
```

VITI
VJETOR
KALENDAR
DEKADE
PAS
E ARDHMJA
DITA
DJE
MËNGJES
MUAJ

MESDITË
MINUTË
MOMENT
NATË
SOT
ORË
SË SHPEJTI
PARA
SHEKULLI
JAVA

11 - Astronomia

```
C O H Q C S G A L A K T I K Ë
E B Ë U R T U A N O R T S A Q
X H N L N X V P O K S E L E T
A J A N L L U G E J M W D A O
L P T Z A T B V M R J V D I B
L C K R F K A Z R R N R B M S
E K U I N O K S I A G O B I E
I P G S F A D C D K U E V T R
Q L J O S N S D C E S T E A V
Y O I M F Z T T G T Y E S Z A
L J T Z X C E O R Ë V M L E T
O Ë H O R U N V K O X M F R O
U S Ë K L C A O Q A N N O R R
T I S M I H L C B M M O F V I
J M I J T Y P C T R U M M E Z
```

ASTRONAUT	MJEGULLNAJA
ASTRONOM	OBSERVATORI
QIELL	PLANET
KOZMOSI	RREZATIMI
PLOJËSI	RAKETË
EKUINOKSI	SUPERNOVA
GALAKTIKË	TELESKOP
HËNA	TOKA
METEOR	GJITHËSI

12 - Algebra

```
M A T R I C Ë A S B W P Q V W
N U M Ë R A Q G T E T D T A T
Q T K U R K M F K P N J H R H
N M W Z G J I D H J E Q J I Y
D I V I Z I O N I H N F E A E
A T H K I F A R G J O O S B S
P A F U N D A L N I P R H Ë Ë
J J G C O L P K R N S M T L X
B T P R I K I R T E K U O R X
I I Z M C U P N O O E L J U V
R R A P A L L K E B R Ë W M E
R B O A U R S Q G A L I M Z S
E Z P T K C G G Z O R E Z O Y
M C E A E E M A L H I E M X G
Ë M A R G A I D N W N G Y Z U
```

DIAGRAMË	LINEARE
DIVIZIONI	MATRICË
EKUACIONI	NUMËR
EKSPONENT	KLLAPA
I RREMË	PROBLEM
FAKTORI	THJESHTOJ
FORMULË	ZGJIDHJE
THYESË	ZBRITJA
GRAFIK	VARIABËL
PAFUND	ZERO

13 - Mitologia

```
P A V D E K Ë S I A Y X S G F
Q I K B A R K E T I P I J M A
X L A A T A X L A A T N E A T
L H U M V D E K S H Ë M L G K
X G X I P N F F E G T I L J E
P R R L U E U N J Q I J J I Q
F Ë A L T J R H I V N I E K Ë
O N R U Z G R D R I J R Y E S
R Y U B M E X C K D Y K I Q I
C K T U I L Y Q Q I H D W X N
Ë S L B I N X H E L O Z I A Z
O A U J O V D R I C L R O E L
M V K O U R W Ë R W V N E N S
L A B I R I N T S K N V S H T
L U F T Ë T A R I H D D X G N
```

ARKETIPI	XHELOZIA
SJELLJE	LUFTËTARI
KRIJESA	PAVDEKËSIA
KRIJIM	LABIRINT
KULTURA	LEGJENDA
FATKEQËSI	MAGJIKE
HYJNITË	VDEKSHËM
HERO	PËRBINDËSH
FORCË	BUBULLIMA
RRUFE	

14 - Piante

```
B Z Z E U T F S Z M S G S V U
O R R I T U L D G Y P K A X E
T V K R F Q H Q D S V L N Y A
A I S Ë M I B S J H L I G P Y
N O P B C P S B H K U B L L T
I N P D D I Q Y I P L A Q E X
K C J I I O A A P O E M I H K
Ë T E L F B A R I Y V B D T A
K J Z F L O R A R O L U X E K
O I N B U S H P E M Ë L D J T
P C O Ë V D P E N P T A U G U
S E Z I R Q E F A S U L E G S
H C T J O R T F X O S B C G C
T Z D G V N A M K E J M C U N
B A H P D I L A F Z S G W V Q
```

PEMË	LULE
BAMBU	FLORA
BOTANIKË	FLETË
KAKTUS	GJETH
BUSH	PYLL
RRITU	KOPSHT
IVY	MYSHK
BARI	PETAL
FASULE	RRËNJË
PLEH	BIMËSIA

15 - Spezie

```
A R A I N L D S K O P Ë R B K
E N X J L N Q U H P H P E T A
K S I F X C A G T A J E P O R
A P B S M I Q M B I F Q I M D
N E D L E Q V T C J Y R P C A
E C K O R I A N D Ë R G A I M
L I Q D Q K K B L A O G X N O
L K N Z K R Y E R U O H J O M
Ë U F X S I X G R K H A A N V
B Q R W X P T A R R T R M M A
C P X Z L Ë B M Ë E I O B I G
V A N I L J E H H G H M A Q L
E H I D H U R G D C G Ë L Z Z
U Q N T I I D N U A F X L U J
H O S J P Q A W H V Y I E I R
```

HUDHËR	E ËMBËL
E HIDHUR	KOPËR
ANISE	AROMË
KANELLË	JAMBALL
KARDAMOM	SPEC I KUQ
QEPË	PIPER
KORIANDËR	KRIPË
QIMNON	VANILJE
KERRI	SHAFRAN

16 - Cioccolato

```
E  S  H  I  J  S  H  M  E  E  Ë  M  B  Ë  L
X  E  L  G  A  R  A  U  R  E  F  E  R  P  E
L  Q  R  T  X  R  U  H  D  I  H  E  U  N  Y
I  D  P  R  H  O  O  A  K  A  K  F  H  I  Y
K  A  R  A  M  E  L  M  S  E  H  A  U  D  W
B  U  R  E  Q  E  H  S  Ë  I  T  S  L  L  C
A  N  T  I  O  K  S  I  D  U  E  S  P  R  I
P  B  Ë  Z  B  I  U  D  M  K  K  W  A  E  L
Ë  R  K  W  P  T  D  I  X  A  A  K  I  C  Ë
R  I  I  K  Y  O  K  A  O  L  R  B  F  E  S
B  S  R  O  O  Z  L  S  L  O  A  S  F  T  I
Ë  W  I  J  F  K  G  P  G  R  M  Q  U  A  A
R  X  K  G  X  E  O  I  R  I  E  H  C  F  B
Ë  A  I  Y  F  S  E  S  K  T  L  L  A  M  L
S  Y  K  S  H  I  J  E  I  Ë  E  W  U  N  K
```

E HIDHUR   EKZOTIKE
ANTIOKSIDUES   SHIJE
KIKIRIKËT   AROMË
MALL   PËRBËRËS
KAKAO   KOKOSI
KALORITË   PLUHUR
KARAMELE   E PREFERUARA
KARAMEL   CILËSIA
E SHIJSHME   RECETA
E ËMBËL   SHEQER

17 - Guida

```
S A K L L V C Q T M T J I T Z
I T A E I H U Y N K A C I S W
G R R N I Ç L T E G U K D O P
U A B U S X E M D A F J I E E
R N U T Ë M H N I Z Y P D N H
I S R O T O M F S N G Q S E A
A P A E J Ë T K K Ë T R A H S
O O N G E G A R A Z H M R T W
U R T K P U F R E N A T K R R
G T S L H R A U T O B U S A R
Q I M Q S R P O L I C I A F E
I F F C E V B R S V V A W I Z
S S U A F Q A E P A N P A K I
K Ë M B Ë S O R I I B A G U K
Y G N E O J H W Y V V D K M W
```

KUJDES
MAKINA
AUTOBUS
KARBURANT
FRENAT
GARAZH
GAZ
AKSIDENT
LIÇENSË
HARTË

MOTOR
KËMBËSOR
RREZIK
POLICIA
SIGURIA
RRUGË
TRAFIKU
TRANSPORTI
TUNEL
SHPEJTËSI

18 - I Media

```
S W H G L J O D H N Ë L H I P
F G V Z O N P I W O T P R N J
R P G J K E I X G I I I C D L
G A U N A Y N H Y Z F M F I T
T M D B L W I I N I A I V V R
A A W I L P O T S V R C S I E
T L B L O I N A L E G N G D G
E K B A M S K L A L O A M U T
Z E L A U T K E L E T N I A I
A R S I M I E C N T O I W L X
G Y J J B O T I M I F F N Q E
R R J E T I A T A N L U O B P
R I N D U S T R I A V N V E X
F A K T E Q R Y I W D E O I Q
K O M U N I K I M I Z T I C C
```

TREGTI
KOMUNIKIMI
DIXHITAL
BOTIM
ARSIMI
FAKTE
FINANCIMI
FOTOGRAFITË
GAZETAT
INDIVIDUAL

INDUSTRIA
INTELEKTUALE
LOKAL
ONLINE
OPINION
REKLAMA
PUBLIK
RADIO
RRJETI
TELEVIZION

19 - Forza e Gravità

```
M I M Z I T E N G A M M E F Z
W D K B M P L E Ë E K E L I G
Z J D U I R X G C V M K Ë Z J
H P B L K E V Z N Q V A V I E
O V W I I S Q E A R X N I K R
B R N M D I S Z T D B I Z A I
M H B I N O F V S I R K J H M
C S K I U N I C I M T A E O I
U R M W T I D D D I Q Ë A K G
I C L G T A K W Q K E O K U G
D I N A M I K E Y R N L S A P
S H P E J T Ë S I Ë D D I W E
S X Q K V N P R U F R K M M S
U N I V E R S A L E A W V D H
P L A N E T E T K L V G B N A
```

AKSI
FËRKIMI
QENDRA
DINAMIKE
DISTANCË
ZGJERIMI
FIZIKA
NDIKIMI
MAGNETIZMI
MEKANIKA

LËVIZJE
ORBITA
PESHA
PLANETET
PRESIONI
VETITË
ZBULIMI
KOHA
UNIVERSALE
SHPEJTËSI

20 - Sport

```
E I X L D V F M I C T T Q Q V
W Q K E G T B O Z E H R M B A
M A X I M I Z O R J Y A E V L
J H V M T W K L Y C C J T Q L
P J R A I T N M B N Ë N A Q Ë
A B A R R X Q H P K I E B Ë Z
T X P G E T R U P I H R O L I
M X I O Y A A T L E T J L L M
Ë U M R Q K A H M T O O I I I
Z Z S P H C A F T Ë S I K M D
I O I K S O Y S Z Z H I E I I
L G I A U K S P O R T E T D E
K W I V Ë J S H Ë N D E T I T
I F T P T P T Y O Z Y M Y T Ë
Ç Q Ë N D R U E S H M Ë R I M
```

TRAJNER	METABOLIKE
ATLET	MUSKUJT
AFTËSI	TË USHQYERIT
ÇIKLIZËM	QËLLIMI
TRUPI	KOCKAT
VALLËZIMI	PROGRAMI
DIETË	QËNDRUESHMËRI
FORCË	SHËNDETI
VRAPIM	SPORTET
MAXIMIZO	

21 - Uccelli

```
R Q L A L N F E H P P P H W P T
H Q H T D A T Q I I A A H U S
J V Y E P K T A X N T R M L R
P X Q Q S I P H S G Ë A P Ë C
E Ë R K E L J E L U M B U B S
A Z L J H E T Y D I L E L A Z
X E E L A P D Y V N L L Ë R E
X V K L U H G M T R E I A D F
L F X H L M S N A L J C Y H Y
W S H Y L A B K T P M U R Ë H
E S R S A S G O V X M R A E U
I A S M P O N A C U O T V B N
P P V X U R C A P V J S V V S
S H I K U R T F L A M I N G O
M H E R O N A J N O P I Q H S
```

HERON
ROSA
SHQIPONJA
LEJLEK
MJELLMË
PËLLUMB
QYQE
SHIKURT
FLAMINGO
PULËBARDHË

PATË
PAPAGALL
HARABELI
PALLUA
PELIKAN
PINGUIN
PULË
STRUCI
TOUCAN
VEZË

22 - Giorni e Mesi

```
S K R S V H K V E G R N N E Z
H R O N M N G U M H E W D M T
K N T R O H S R E Q Ë W D Ë E
U V A A R O T N Ë N Q N T R T
R V T D T I E M A R T Ë Ë K O
T O H N C C K M U A J I C U R
H T S E J A N A R N L L I R P
D L T L E I D E E G E V A Ë J
W H Y A V A J T S U V T M J I
U H J K L Q V M H S J E S N Q
J K E E N J I E T H G L P G O
E A E V T W T R U T D D O W C
A P B Z C O I P N C G R U P Q
L A I Q I W R E Ë J A O G B U
H Z I Z R S H D S S Q G Q E U
```

GUSHT
VITI
PRILL
KALENDAR
DHJETOR
E DIEL
SHKURT
JANAR
QERSHOR
KORRIK

E HËNË
E MARTË
E MËRKURË
MUAJ
NËNTOR
TETOR
E SHTUNË
SHTATOR
JAVA
E PREMTE

23 - Casa

```
P A P A F I N G O B J D Z S J
D Y X M Z E X B K S E R S E J
P A X P Y J M D C F M I L I Q
F U R Y J K A T I X E T A T Q
T H S P O K D A Z C W A G A M
R A N I H Z U K E X M R H Ç C
N U V P Z Y C K G S D E B R A
W A B A Z F F Y V M G H V Ë I
Q M O I N F S H E S Ë X O B T
X U C J N R Z G O S R N D M R
R R W W F E U A X D Y Z S A Ë
D E R A G A T R H L Q Y Z L H
L I B R A R I A A Z S N H L W
M F D U S H V Z K Y A B T B P
R B G A R D H H Q C P R O V K
```

PAPAFINGO	MUR
LIBRARI	KATI
DHOMË	DERA
OXHAK	GARDH
KUZHINA	RUBINET
DUSH	FSHESË
DRITARE	TAVAN
GARAZH	PASQYRË
KOPSHT	QILIM
LLAMBË	ÇATI

24 - Fantascienza

```
M E R T S K E C O M I E J U G
I N K O U F S Q F G L K X R I
S A I R I U Z J A R R I X W V
T O N A P T E H C K C M B O S
E I E K L U I L U Z I O N R J
R R M U A R J B I P O T U M A
I O A L N I G A O Z I A X N P
O B V L E S O Z E T G B D F O
Z O U I T T L Y W R Ë A U V Z
E T R P Q O O R E A L I S T E
E Ë H E R A N I J G A M I F F
X T S B V F K I T S A T N A F
Y J O X F W E D I S T O P I A
N F X Ë K I T K A L A G X Q D
S H P Ë R T H I M P G K O T I
```

ATOMIKE
KINEMA
DISTOPIA
SHPËRTHIM
EKSTREM
FANTASTIK
ZJARR
FUTURIST
GALAKTIKË
ILUZION

IMAGJINARE
LIBRA
MISTERIOZE
BOTË
ORAKULLI
PLANET
REALISTE
ROBOTËT
TEKNOLOGJI
UTOPI

25 - Città

```
R  I  F  F  K  L  A  K  I  N  I  L  K  U  V
J  X  C  Z  I  T  E  Ë  B  G  O  M  F  X  K
L  S  M  F  N  E  R  K  E  I  Z  V  C  D  X
E  I  E  U  E  K  O  N  R  M  I  X  X  I  T
M  P  B  V  M  R  P  A  J  U  D  Y  Q  A  N
I  Z  S  R  A  A  O  B  C  I  F  S  T  L  A
P  W  B  Q  A  M  R  Z  F  D  P  E  Y  L  R
H  L  U  G  E  R  T  U  M  A  J  S  X  O  O
J  O  Y  W  Z  E  I  T  D  T  J  F  T  K  T
M  G  T  W  N  P  S  I  C  S  T  A  K  H  S
J  X  O  E  O  U  M  U  Z  E  E  R  G  S  E
Y  C  W  G  L  S  U  Z  Q  Y  A  M  Y  P  R
R  A  G  A  L  E  R  I  O  H  T  A  B  R  H
S  Z  R  P  A  H  Y  O  A  L  R  C  V  V  P
L  U  L  E  S  H  I  T  Ë  S  I  I  D  D  Y
```

AEROPORT
BANKË
LIBRARI
KINEMA
KLINIKA
FARMACI
LULESHITËS
GALERI
HOTEL
TREGU

MUZE
DYQAN
FURKE
RESTORANT
SALLON
SHKOLLA
STADIUMI
SUPERMARKET
TEATRI

26 - Fattoria #1

```
Z Y Z D B A L F M L W U E C J
N U D L M B F H P F P L A K Y
K V B R M I X Q V T X E K V H
S X K B M A C E V F Q W N I B
D H I V P U P E K H L Z J Ç N
Z D D F M U Ë J L S N O R Z O
J A F C J M L Q E N F J D N L
P H D R A G A Ë K D A O W P L
L B H N L H K P N H R P R S F
E P O K T T U O W A A P V I O
H E K N Ë T E L B Y S Q L K Z
B U J Q Ë S I A P R T G D O N
D Q A D Z I J C W A D U J I V
D E R R A M O G T C Y A W C Z
F U S H A E T R F Y H F Z S V
```

UJI	MACE
BUJQËSIA	KOPE
BLETË	DERR
GOMAR	MJALTË
FUSHA	LOPË
QEN	PULË
DHI	GARDH
KALË	ORIZ
PLEH	FARA
SANË	VIÇ

27 - Psicologia

```
N Ë N V E T Ë D I J A P S P V
A O K O N F L I K T X E J R N
P G N D J E S I R B S R E O Y
T E T I L A E R T T N S L B A
X A R B Y W E F E E P O L L N
M K N C J L N I N R A N J E J
P H Q H E G A D O A V A E M O
E Ë M A V P G E I P E L N P H
M B R X O C T S C I T I S I J
N E Y V H X R I O A Ë T W M E
H H N F O V N M M G D E C I O
J V Y D B J L L E I I T U R K
W O J L I O A I R Ë J I M Ë F
I R I N L M X T G O E F D M W
H F Q R K U E K L I N I K E Y
```

EMËRIMI	FËMIJËRIA
KLINIKE	MENDIME
NJOHJE	PERCEPTIMI
SJELLJE	PERSONALITET
KONFLIKT	PROBLEM
EGO	REALITET
EMOCIONET	NDJESI
PËRVOJAT	NËNVETËDIJA
IDE	TERAPIA
PAVETËDIJE	

28 - Paesaggi

```
A T O K T L R H B C K S K T C
F V L L U H S I D A G H O A J
K Q G C N A E Q O Q W K D K E
V Q B N D T B P C R A R Ë U U
X L G M Ë L L E P H S E R L J
A F K S R Z Q R Y R L T V L Ë
P L A Z H G A A I P U Ë U N V
L I Q E N I E O Z C G T L A A
R A M S I R J J D Y I I L J R
E V E U G F S W Z O N R K Ë Ë
K I M D L Q A O P E Ë Ë A Q M
A J S B E R G A S P R U N Q A
F K H C I S H U L L A Ç O M L
B C Y Y N D L N D D E T S B V
J Y Y D C W K J S Q G M F R I
```

UJËVARË	DET
KODËR	MAL
SHKRETËTIRË	OAZË
LUMI	OQEAN
GEJZER	MOÇAL
AKULLNAJË	GADISHULL
SHPELLË	PLAZH
AJSBERG	TUNDËR
ISHULL	LUGINË
LIQENI	VULLKAN

29 - Energia

```
K A R B U R A N T X J A M R H
S D H U M E N T R O P I A I I
A Z R B O J N U A E H N I N D
S V A V A Z E A G D V X R O R
U Z U R A L Y D F J D E T V O
E C G L B L W L I T W H S U G
Q H Z H L I E D N S Ë T U E J
R B Ë R T H A M O R E Ë D S E
B E N Z I N Ë N R O I S N H N
K A R B O N T D T T P I I M A
R W H R D D S O K O T A R E G
T U R B I N Ë T E M S V E H X
A R F O N K H J L Z E O T B B
F O T O N E K A E Z O A A Y R
H E L E K T R I K E O Q B E G
```

MJEDIS
BATERI
BENZINË
NXEHTËSIA
KARBON
KARBURANT
NAFTË
ELEKTRIKE
ELEKTRON
ENTROPIA

FOTON
HIDROGJEN
INDUSTRIA
NDOTJA
MOTOR
BËRTHAMORE
RINOVUESHME
TURBINË
AVULL
ERA

30 - Ristorante #2

```
H H L Q E J I P X V C L B F K
Y Q D X Z S T E M I R E P T B
R M G V E U H G G H L V Y M B
C O N N M W W I J U Y V T E C
P I R U N L Y R J A I A U R H
S P U Ë Z E V R Y S T K S Ë R
F R U T A K R A D D H O D Z Y
B E E A Y B H K M J R M R A J
C I I L L U K A U H Q E E T D
B R Y L X Z U Z I H G Y K Y Ë
O A P A O S W B T B Z K I Ë P
U M E S S M E G M M G E Y G I
A A S A U I R B W P K F G U R
F K H P P B A W C O I U K L K
A D K T Ë G U V J S I Z M X Q
```

UJI	SALLATË
MEZE	SUPË
PIJE	PESHK
KAMARIER	DREKË
DARKA	KRIPË
LUGË	KARRIGE
E SHIJSHME	ERËZA
PIRUN	TORTË
FRUTA	VEZË
AKULL	PERIMET

31 - Moda

```
I K K E J H S E V D B E O I Z
Z L U I T S E D O M U L R S T
R E H A T H Q V A P T E I O V
H D M B C U J H B X O G G F U
P O P I E E B E D G N A J I T
R M Ë S N K C J S M A N I S Q
I S L Ë R I M S F H T T N T Ë
R T H L E T M P A V T E A I N
J Y U I D K H A L U J Ë L K D
E G R C O A U Z L C Q C U U I
E N Ë B M R I H E I Q O S A S
S T I L I P R U T Z S E A R J
S H K E N J T E N T V T M C E
R S J K F T P A A V M M V N X
Q R Q U N G Q O D I T S D R R
```

VESHJE

BUTIK

SHKENJTE

REHAT

ELEGANTE

MINIMALIST

MODEL

MODERNE

MODEST

ORIGJINAL

DANTELLA

PRAKTIKE

BUTONAT

QËNDISJE

E THJESHTË

I SOFISTIKUAR

STILI

PRIRJE

PËLHURË

CILËSI

32 - L'Azienda

```
K R Z S D F E T K U D O R P R
R E L A B O L G R H R A H L R
I P B M I T N A Z E R P J U E
J U I N V E S T I M N O R G Z
U T E M I R U B D K G D P G I
E A P V P U N Ë S I M I E Ë Q
S C A E I S Ë D N U M Q M T E
P I G N S T Z I C Y A Y F I T
B O A D P S A Z Z I I B V S U
P N T I F Z W V D F L N L Ë X
N I N M Z Z Z Z O T N Ë S J V
I N D U S T R I A N F Z S N S
T Ë A R D H U R A T I A U I X
P R O F E S I O N A L A Q V A
I C E W P R O G R E S Y O W O
```

KRIJUES
VENDIM
GLOBALE
INDUSTRIA
INOVATIVE
INVESTIM
PUNËSIMI
MUNDËSI
PREZANTIM
PRODUKT

PROFESIONAL
PROGRES
CILËSIA
TË ARDHURAT
REPUTACIONI
RREZIQET
BURIMET
PAGAT
TRENDET
NJËSITË

33 - Giardino

```
T M B P S U A V Ë J U B A R G
H R V A T W X E W W S A W M L
S M A B O S G R Ç G N R Q E L
P E O M L G U A O A K I T X E
O O H H P L Y N R R E Q I Q P
K X J Q C O L D A A H V M P U
W N E P P X L Ë P Z K A R A E
Y A C T E E N I E H S U B E Q
Z O F D T R M X N J C Z J O T
L Ë N D I N Ë I S Ë K O T Z A
T M Q G I Z R L S H A M A K R
N E L O P A T Ë U H D R A G R
X P Z Y X Q Y Z F L T F P U A
H A R D H I S Ë V Q E E F X C
O C I E F L I T S F Q F D O Ë
```

PEMË	VERANDË
HAMAK	LËNDINË
BUSH	GRABUJË
BARI	GARDH
LULE	PELLG
PEMISHTE	TOKËS
GARAZH	TARRACË
KOPSHT	TRAMPOLINË
LOPATË	ÇORAPE
STOL	HARDHISË

34 - Riscaldamento Globale

```
Z M J E D I S O R E K P P Y N
T E M P E R A T U R A T O P D
U V X E R Z D K U I O U P U Ë
S E D J U K S I T S H T U A R
H H W D M L D X Z A G Q L R K
N A K B R E Z A T J N B L K O
I Z B E T B Q T H M X I A T M
Y I A I N N A N Ë H D Ë T I B
O R W I T C X U W D U V A K Ë
S K C J G A Ë U E R U B T C T
N K K G E G T T A A M I L K A
X T H R U C B E A E U S I C R
Q E V E R I S Ë T R J I E C E
I V I N M Z H V I L L I M I X
O E Z E W I N D U S T R I A V
```

MJEDISORE
ARKTIK
KUJDES
KLIMA
KRIZA
TË DHËNA
ENERGJI
E ARDHMJA
GAZ
BREZAT

QEVERISË
HABITATET
INDUSTRIA
NDËRKOMBËTARE
TANI
POPULLATAT
SHKENCËTAR
ZHVILLIMI
TEMPERATURAT

35 - Frutta

```
Q G X Y R F C L B A N A N E G
A O V K N K E T I H S U R R V
N P A P A J A R Q M X Q F I L
A D P P E H X S R Y O B J N Ë
N A J L S P T J F Ë V N Z W N
A R E M K A J S I Q E R S H I
S D P W J X C I E C Q B W V R
S H Ë C J E P J E S H K Ë D A
Y Ë R W Z O D A K O V A Z D T
H M W H P A I Ë O X F M G Q K
E N Q X N S I L R A I V I K E
P O R T O K A L L I G O G U N
C J T Q B U Q O G N A M T V M
G B F L L U B M U K W E J T T
P O O H F N O M A S Q N Z V M
```

KAJSI	MANGO
ANANAS	MOLLË
PORTOKALLI	PJEPËR
AVOKADO	FERRË
BANANE	NEKTARINË
QERSHI	PAPAJA
FIG	DARDHË
KIVI	PJESHKË
MJEDËR	KUMBULL
LIMON	RRUSHIT

36 - Fattoria #2

```
M I L Q U M Ë S H T E O T B R
X I S V K S Y F W H L Z E B S
M W S D W D I H V H B U V P K
K R J R E M R E F L I V A D H
W U B Q I X U I R A B J Q U F
U P J E K U R P E M I S H T E
S T G L H A G U R U F Z O J D
H G N E F B R N O S J R X L J
Q B E D K G Y A S Z R I U K A
I B Q T Ë H S F A K H X T T K
M Y H A M B A R M D P K A J A
Y M H Z R O T K A R T T T K E
Z R J N H M O V L T Y I A X G
N D K I S O Z F L K A N P D A
I P J S C E F W B Z N V D D G
```

QENGJ	LLAMA
FERMER	QUMËSHT
ROSA	MISRI
KAFSHËT	PJEKUR
USHQIM	PATAT
HAMBAR	ELB
FRUTA	BARIU
PEMISHTE	DELE
GRURI	LIVADH
UJITJE	TRAKTOR

37 - Verdure

```
D F Q R I K B K S R U A J H K
O F E O G R I A Y P R L Z H Ë
M O V G O L Z S L P I E H T R
A V R L B A E T Y O C N P N P
T F Z Z C R L R D Z Z Y A Ë U
E A L I I G E A W O M D M Q D
K U N G U L L V F N P I B C H
S H A L L O T E P A T A T E A
S B I R O B M C Q D K Y E F U
E S A L L A T Ë E J L S F W T
L J U S O I O K P A Z F R C D
I R P A F K V P Ë M G D Z D O
N K N S S Q O E K A R R O T A
O A X X R H X R Ë H D U H M M
U H A F W M R R B T W J K D X
```

HUDHËR
BROKOLI
KARROTA
KASTRAVEC
QEPË
KËRPUDHA
SALLATË
PATATE
BIZELE

DOMATE
MAJDANOZ
RREPË
RREPKË
SHALLOT
SELINO
SPINAQ
KUNGULL

38 - Musica

```
R T E K P Z C N T K R J B I K
I H I O O E M T Y Y O O A T T
T R M E E K I S A L K P L L N
M I L V T I N H Z D I E A U C
I B V P I R O K A R Z R D R R
K A O F K I F A R R U A Ë T A
E J K N E L O Q L T M Ë T I R
H R A T R G R Z D B D O W Y R
E A L F D A K L V X U X N Y S
B T R M U Z I K A N T M R I I
U Ë D M V X M M E L O D I O I
Z G A K O I N S T R U M E N T
T N B T I N O D N Ë K Q B X A
G Ë J D I M I R T S I J G E R
X K Z J S O R K C S O P T X L
```

ALBUM	MIKROFON
HARMONI	MUZIKOR
HARMONIK	MUZIKANT
BALADË	OPERA
KËNGËTARJA	POETIKE
KËNDONI	REGJISTRIMI
KLASIKE	RITMIKE
KORI	RITËM
LIRIKE	INSTRUMENT
MELODI	VOKAL

39 - Barbecue

```
N  G  W  U  D  G  V  B  A  F  Q  D  H  W  B
X  Z  I  A  R  Ë  J  O  L  A  J  O  H  W  O
E  F  U  Q  L  I  O  X  U  K  U  M  Z  O  Z
H  X  M  S  H  P  A  T  U  R  F  A  D  P  Q
T  O  S  I  H  I  R  X  N  A  W  T  J  I  F
Ë  P  E  Q  T  Q  W  T  P  D  K  E  T  P  H
I  Q  D  A  F  V  I  I  J  J  E  L  C  E  I
F  A  M  I  L  J  E  M  A  U  A  K  L  R  I
Ë  K  E  R  D  Z  A  K  I  Z  U  M  B  E  C
C  I  T  S  C  K  H  R  F  Q  G  V  Q  U  J
L  H  R  Ë  B  A  Ë  I  Q  B  G  A  U  Z  X
A  T  A  L  L  A  S  P  S  X  K  S  F  A  Q
S  C  K  U  X  C  E  Ë  R  E  V  H  U  C  J
R  F  Z  P  X  I  T  L  Y  P  D  I  E  R  S
D  W  O  O  F  Z  F  Q  R  G  P  L  Q  N  E
```

NXEHTË   VUAJ
DARKA   SALLATA
USHQIM   FTESË
QEPË   MUZIKA
THIKA   PIPER
VERË   PULË
URIA   DOMATE
FAMILJE   DREKË
FRUTA   KRIPË
LOJËRA   SALCË

40 - Riempire

```
S O H G H T V H N N C L B N R
H A T B E R A T R I S U Q X V
I V K X H X L A O L T H T L A
S Ç Y X P U I S J U P B V O S
H F U A Z I X K U T I X V K K
E O I F A L H Ç A N T Ë Q A Ë
J Q S D X D E K K E W X M R N
S R N Q O F Q P A G L A I T Y
O A R A S P Y B B E Ë Ë V O K
D G V A Z O Z Z A L T K T N A
L Q Z X U Y X B T O R N R I T
C N A N H A N I J E O J T A L
A X R G H E W Q Z G P A K O I
X E F L I I P Y G R H F D N P
Y E A L Z O G X D T S T U Y E
```

LEGEN
FUÇI
ÇANTË
SHISHE
ZARF
DOSJE
KARTONI
ARKË
SIRTAR
SHPORTË

ANIJE
PAKO
KUTI
KOVË
XHEP
GYP
VALIXHE
VASKË
VAZO
TABAKA

41 - Insetti

```
A P H I D C H T P I K C P B M
G R E N Z Ë F U L P A I L R A
M U S H K O N J Ë P R C E U N
I Z X E A I Y H W O K A S M T
F K A R K A L E C I A D H B I
H L G L W D W W C R L A T U S
K J U B A C A K G M E V V L P
R A B T V X O P Z H C R A L K
I K Y I U Z C U I E T A Q I I
M Y D M U R M O B L O L W Q O
B P A R N V X P B R I Y K C V
I B L E T Ë F A M L Ë V Q W C
H S A T K L T F Y S N Z E F J
A S O Ë N O G N I L I M I S A
F V N V R M M X V H B F A N Ë
```

APHID	LARVA
BLETË	PILIVESË
BRËZI	KARKALECI
KARKALEC	MANTIS
CICADA	PLESHT
LADYBUG	KACABU
BRUMBULLI	TERMIT
MOLË	KRIMBI
FLUTUR	GRENZË
MILINGONË	MUSHKONJË

42 - Fisica

```
C L W J D Z P C I O B X P F I
G D H A E G I B U B V P Ë R M
K F W C N J T E B O H O R E A
A Q J E D E E L Z I F Y S K G
N S Z H Ë R T E L B O L H U N
M O I N S I I K Z Ë R M P E E
H I K G I M V T C R M E E N T
K A O S A I I R J T U K J C I
A T O M X R T O G H L A T A Z
R D E L K D A N R A Ë N I O M
M O L E K U L A I M G I M Z I
H Z T G T C E Y M O J K I J U
N E M O A J R F C R X A T B O
G K R H M Z J R Ë E K I M I K
A R A P U X G R A V I T E T I
```

PËRSHPEJTIMI   GAZ
ATOM   GRAVITETI
KAOS   MAGNETIZMI
KIMIKE   MEKANIKA
DENDËSIA   MOLEKULA
ELEKTRON   MOTOR
ZGJERIMI   BËRTHAMORE
FORMULË   GRIMCË
FREKUENCA   RELATIVITETI

43 - Agronomia

```
S N O M F K R U C Q F Y D J X
K Ë O Q A N R X T L F Q S X S
G I M E R A I J G O L O K E H
D D C U A R T N S M N J B M K
J E X H N W J T I X L S F R E
W N A D E D A I S Ë Q J U B N
N T D E N P J H Y X E X B B C
P I J U E M D E M I K R Ë K A
R F B W R J C L T N I Q G S R
O I G T G E V P Q O N U T S U
D K E I J D R O O I A K O E R
H I O X I I B C O Z G A K F A
I M I Q H S U A A O R X Ë T L
M I R N D O T J A R O D S C E
I X T T V G T E M E T S I S I
```

UJI	NDOTJA
BUJQËSIA	SËMUNDJET
MJEDIS	ORGANIKE
USHQIM	PRODHIMI
RRITJA	KËRKIME
EKOLOGJIA	RURALE
ENERGJI	SHKENCA
EROZIONI	FARA
PLEH	SISTEMET
IDENTIFIKIMI	TOKËS

44 - Erboristeria

```
T U L H W T R E S C C Ë G C D
Q J L V C T Q V O W H N B R R
G C Z M G P H E W A B I M Ë A
T R U M Z Ë K O L I Z R O B G
M A J D A N O Z O U E A L L U
K O P S H T U A D P L M Q E A
K U L I N A R I K I N Z U J F
J C S H A F R A N J F O U G M
K I H X E N E N C W T R G E A
R L F C F O V C O D N A V I L
R Ë D N A I R O K H U D H Ë R
C S Ë R Ë B R Ë P E O G G Y X
R I A R C M T X P H D B T J M
F A S T G H B A V O Z S W Q J
A R O M A T I K E N K R B Z G
```

HUDHËR	BORZILOK
AROMATIKE	NENEXHIK
KORIANDËR	RIGON
KULINARI	BIMË
DRAGUA	MAJDANOZ
KOPËR	CILËSIA
LULE	ROZMARINË
KOPSHT	TRUMZË
PËRBËRËS	E GJELBËR
LIVANDO	SHAFRAN

45 - Biologia

```
D C F C A K N K N E Z H W T Y
N I A T F O A Z O E P S K C G
D C A A N L T M R Z R G C K B
K I G Z J A Y P U Y H V Y G N
K S Z E P Z R J E K F S O E S
T P M T X H O A N I E T O R P
Y A O N B N R I D N Ë Y B A M
E N Z I M Ë E M S A Z Y A T U
A I O S W Z N O M R O H K I T
F S M O C O A T M R I A T J A
A A O T M M F A N A B X E G C
B B R O Q S V N F V M Y R Y I
L M K F P O X A K Z I L E Q O
E M B R I O N I Y M S V T V N
E V O L U C I O N I A E Z T G
```

ANATOMIA	MUTACION
BAKTERET	NATYRORE
QELI	NERVOR
KOLAZHN	NEURON
KROMOZOM	HORMON
EMBRIONI	OSMOZË
ENZIMË	PROTEINA
EVOLUCIONI	ZVARRANIK
FOTOSINTEZA	SIMBIOZË
GJITAR	SINAPSI

46 - Attività Commerciale

```
A Z S Ë J N O N U P M N K C I
R O O T R U I W V D A I Q W N
U Z E A C E M D A S L N B H V
H U P R Z I I O S U L U M Z E
D Y E A V N T R E X I Q I Y S
R Y T P D J I L R W N N L R T
A K Q P L V F I N A N C A Ë I
Ë E A A P I M O N O K E T F M
T J S E N K O S T O K I U A S
B T R A N S A K S I O N L B H
O I X R L W V M R S M A A R I
V R X I B U X H E T W P V I T
I B Q Y R Z E K F C W M T K J
G Z A L U W G A I R H O A Ë E
P U N Ë D H Ë N Ë S I K C H I
```

BUXHET	DYQAN
KARRIERË	FITIMI
KOSTO	TË ARDHURA
PUNËDHËNËSI	ZBRITJE
PUNONJËS	KOMPANI
EKONOMI	PARATË
FABRIKË	TRANSAKSION
FINANCA	ZYRË
INVESTIM	VALUTA
MALLIN	SHITJE

47 - Fiori

```
B T U L E P J J L M L V Z P D
B O Z T A Z P A I M U T E L A
S U Z W I X A R V G L R H U I
Z K Q H L H E G A J E Ë O M S
E K O E U B L A N A P N R E Y
C J N I T R F V D S A D K R L
T V H L H Ë E A O E S A I I U
T B N L I H P N M M I F D A L
U V T E M P V R A I O I E B Ë
H I B I S C U S G N N L T C K
G A R D E N I A N I I G E Y U
K A W E R L I D O F F A D D Q
M Z S L H C Z Z L A T E P X E
S V Y U L P G Z I L I F R Ë T
E Y K L I D G K A B M A Z J T
```

GARDENIA	DAFFODIL
JASEMINI	ORKIDE
ZAMBAK	LULËKUQE
LULEDIELLI	LULE PASIONI
HIBISCUS	BOZHURE
LIVANDO	PETAL
JARGAVAN	PLUMERIA
MAGNOLIA	TRËNDAFIL
DAISY	TËRFILI
BUQETË	TULEP

48 - Filantropia

```
F G L U A N F Y J P I P T M P
I L H B W E B F K U S L O K R
N O I B P V A M O B Ë G F O O
A B R F V O Y S V L R P O M G
N A I R A J U B I I I L N U R
C L R Y D A L O G K M W D N A
A E O Y C I S F I D A T E I M
D F T I K N N Ë P U B O T T E
L Q S G S I O J T J N X I E T
C J I R M R T I E O N I N T L
G L H U T N F M R R W Y O I T
H U N P I V W Ë C Y Ë U I Y N
O P Z E Z C N F H M S Z S Y P
O J M T E T K A T N O K I F L
N D E R S H M Ë R I A E M T G
```

FËMIJË	GRUPET
NEVOJA	MISIONI
BAMIRËSI	GOLA
KOMUNITETI	NDERSHMËRIA
KONTAKTET	NJERËZIT
FINANCA	PROGRAMET
FONDET	PUBLIK
BUJARI	SFIDAT
RINIA	HISTORI
GLOBALE	

49 - Discipline Scientifiche

```
B F J N Q A K A U A E B E F N
S G K S R T B I M S M I K I E
M O B H N Y P Y M Q G O O Z U
Z H C L V A U L R I T L L I R
V G A I S Ë H U J G A O O O O
G J N J O D N Z C D O G G L L
W E A G D L Z U E B C J J O O
M O T O E U O B M R F I I G G
E L O L A L O G J M R J A J J
K O M O E A D C J J X T E I I
A G I K Q Y G Ë K I N A T O B
N J A I A R K E O L O G J I A
I I J S B I O K I M I Z P N K
K A Y P A S T R O N O M I O M
A M E T E O R O L O G J I F H
```

ANATOMIA
ARKEOLOGJIA
ASTRONOMI
BIOKIMI
BIOLOGJI
BOTANIKË
KIMIA
EKOLOGJIA

FIZIOLOGJI
GJEOLOGJIA
GJUHËSI
MEKANIKA
METEOROLOGJI
NEUROLOGJI
PSIKOLOGJI
SOCIOLOGJI

50 - Scienza

```
M O T A N Ë H D Ë T G S P U V
M E I M B M I N E R A L E T R
O H T N E M I R E P S K E G O
L I E O E W K O X Y S Z M R J
E P T X D V T L E B X X D I T
K O I L K A O O W O Y E K M I
U T V I A J E L I S O F L C M
L E A O R B N Y U O X A I A G
A Z R F Y S O B L C I K M T D
T A G L T X E R W G I T A A L
T M Q S A V E L A Z J O F H C
O R G A N I Z Ë M T F Y N C V
F I Z I K A H O D R O R G I C
G N J K I M I K E C P R P Q W
M B U K R S H K E N C Ë T A R
```

ATOM	HIPOTEZA
KIMIKE	LABORATOR
KLIMA	METODA
TË DHËNA	MINERALET
EKSPERIMENT	MOLEKULAT
EVOLUCIONI	NATYRA
FAKT	ORGANIZËM
FIZIKA	VROJTIM
FOSILE	GRIMCAT
GRAVITETI	SHKENCËTAR

51 - Acqua

```
K A A T D H P P S U W M W U K
B C W S E J K Y F S J E Y Q G
H B N J N R F S H I U O V F X
P F L U M Ë G E Y Z E R F I M
A I N E Q I L E D V N U J K U
V E J T Y B M R Ë P A B F Q S
U J U S A Z W I I M E L O S O
L T V Q H Q B M E T Q T Ë R N
L I Y P S Ë G I O I O M I T Ë
G J G Z U B M L A G Ë S H T I
N U V O D G D L L U K A U Z M
A C A R E G O U A V V P T E U
G P Z V Z X N V N Y S O S A L
P L N K Y L K A A G S H J W O
E N Y E Z H C C K H T A N J K
```

PËRMBYTJE

KANAL

DUSH

AVULLIMI

LUMI

LUMË

ACAR

GEYZER

AKULL

UJITJE

LIQENI

MUSON

BORË

OQEAN

VALËT

SHI

PIJSHËM

LAGËSHTI

STUHI

AVULL

52 - Imbarcazioni

```
F N S G D D G Z G L B V L B V
F K X Ë C I T A B Y A O I R G
S P H N X Y R A T I L Z Q A P
T I U V E D I E M L E Ë E F O
O U F I U T M R K S V M N T K
E G I U J R S M H G E B I L F
C R H P M M O T O R M I K J O
N N Z L U M I H V U Ë U A U H
T R A G E T J A I R K J J D K
V M P E D E G J Y E R Ë A E D
T U I R Q V A L Ë T A R K T A
U O U A S O S B W B V J P R B
K R K T S P I R A N C Ë C M B
G H E E O N A K M A R I N A R
J S E D G G A F V V D F H V L
```

DIREK	DET
SPIRANCË	BATICË
VARKË ME VELA	MARINAR
VOZË MBI UJË	MOTOR
KANOE	DETARE
LITAR	OQEAN
EKUIPAZHI	VALËT
LUMI	TRAGET
KAJAK	JAHT
LIQENI	RAFT

53 - Chimica

```
Y X R A N N Q C R M U Z H Y L
U I U I P S O Y A O W D I C A
K W A I E R B R E L I Y D T N
Z A G V Y D M Z T E M R R E X
Y H R N E J G I S K O U O H E
J O N B Y H N I T U E D G I H
Y E X X O G Ë Q C L X L J P T
K X B L U N L P D A H S E P Ë
G R O T A Z I L A T A K N F S
H Y I O R G A N I K E B M B I
B N R P B Ë R T H A M O R E A
W R O P Ë G I S K G K K M J N
G L L T E M P E R A T U R A Q
A L K A L I N E K I M O T A N
E N Z I M Ë U W O G Q B Q F L
```

ACID
ALKALINE
ATOMIKE
NXEHTËSIA
KARBON
KATALIZATOR
KLORI
ELEKTRON
ENZIMË
GAZ

HIDROGJEN
JON
LËNG
MOLEKULA
BËRTHAMORE
ORGANIKE
OKSIGJEN
PESHA
KRIPË
TEMPERATURA

54 - Api

```
E R E H S O K F B E Z P E J I
K J W J M L G W C F S O D E A
O K B O F S F T Z A L L E I D
S M Ë H S I B O D I J E B Q S
I I U F S L X T K E S N I N U
S D D Z D U Q A I I H E T Y D
T H Z B I T E T I S R E V I D
E M B R E T Ë R E S H A M Z Y
M U Z S J K O P S H T Ë M I B
I O S K R A H Ë M N A X B C E
M G E H F L Z V J M T T A Y N
T Y M S Q H C B A D I H U C H
W O B N K I Y B L I B V V R L
L U L E Y S M K T C A B E A F
D Y L L I N Q N Ë Q H Ç E L M
```

KRAHË
KOSHERE
I DOBISHËM
DYLLI
USHQIM
DIVERSITETI
EKOSISTEMI
LULE
ÇEL
FRUTA

TYM
KOPSHT
HABITAT
INSEKT
MJALTË
BIMËT
POLEN
MBRETËRESHA
MUZI
DIELL

55 - Strumenti Musicali

```
T  Z  D  H  T  H  F  Q  H  R  D  Q  M  V  Y
D  I  P  T  R  A  Q  A  P  Z  U  S  A  I  O
F  C  E  C  O  R  V  E  G  E  M  B  R  O  H
H  A  R  P  M  M  Y  D  N  E  J  A  I  L  W
K  D  E  O  B  O  S  C  O  Y  G  N  M  O  B
S  L  U  X  O  N  S  A  G  E  A  J  B  N  F
G  J  A  J  N  I  P  P  K  L  Y  O  A  Ç  Y
O  V  D  R  F  K  V  I  P  S  Y  Q  V  E  G
D  E  M  Z  I  Ë  T  I  I  Z  O  I  L  L  R
I  C  W  F  T  N  S  C  Z  P  L  F  C  C  U
T  J  A  O  B  E  E  L  L  U  A  D  O  J  D
J  X  H  C  I  L  R  T  U  A  L  F  N  N  A
E  V  I  O  L  I  N  Ë  Ë  R  A  T  I  K  J
M  A  N  D  O  L  I  N  Ë  P  I  A  N  O  R
W  L  T  R  U  M  B  E  T  Ë  O  L  L  X  E
```

HARMONIKË	OBOE
HARP	GODITJE
BANJO	PIANO
KITARË	SAKSOFON
KLARINETË	DAJRE
FAGEG	DAULLE
FLAUT	TRUMBETË
GONG	TROMBON
MANDOLINË	VIOLINË
MARIMBA	VIOLONÇEL

56 - Professioni #2

```
U B H O K C R D K N G G U Z S
G Q S G F O N I C S L A D Z H
B I O L O G P N W E Y Z H X P
U T S L Z Z R S E U T E H U I
B S J F O O T E H R M T E O K
Z I G Q L O U U Y T J A I P Ë
O T B P I L A I M S A R C I S
M N M L F O N D J U K R G L I
Q E P J I G O U M L I N J O V
E D I M E O R T M I R L U T H
U G K J I K T S Z X U Y H A X
O I T N U B S E F S R H Ë V N
U U O J O L A A K V G M T T L
F A R G O T O F R A Z A A J K
M Ë S U E S X A U F R E R N U
```

ASTRONAUT
BIBLIOTEKAR
BIOLOG
KIRURG
DENTISTI
FILOZOF
FOTOGRAF
KOPSHTAR
GAZETAR
ILUSTRUES

MËSUES
SHPIKËSI
HETUES
GJUHËTAR
MJEK
PILOT
PIKTOR
STUDIUES
ZOOLOG

57 - Letteratura

```
W  P  D  R  P  Ë  R  F  U  N  D  I  M  O  S
S  O  O  I  R  I  M  Ë  U  I  X  L  U  X  J
D  E  P  A  A  I  J  G  O  L  A  N  A  G  Y
M  T  I  I  U  L  B  S  Y  I  A  Y  I  F  O
I  I  N  Y  M  T  O  D  R  T  N  S  F  U  T
S  K  I  J  B  F  O  G  B  S  E  R  A  T  W
A  E  O  O  A  R  O  R  U  F  I  A  R  R  O
H  N  N  P  Ë  R  S  H  K  R  I  M  G  A  L
A  M  E  T  A  N  A  L  I  Z  A  Q  O  G  W
R  D  F  K  O  A  R  I  T  Ë  M  R  I  J  X
K  R  R  G  D  M  L  Q  F  T  G  E  B  E  X
P  O  E  M  Ë  O  O  I  X  K  L  U  U  D  Y
Y  Y  H  P  W  R  T  Z  B  H  P  A  G  I  F
C  Z  E  T  N  Q  R  Ë  N  A  H  Z  B  Y  H
Y  Y  K  M  E  T  A  F  O  R  A  Q  C  L  Y
```

ANALIZA	METAFORA
ANALOGJIA	OPINION
ANEKDOTË	POEMË
AUTOR	POETIKE
BIOGRAFIA	RIMË
PËRFUNDIM	RITËM
KRAHASIM	ROMAN
PËRSHKRIM	STILI
DIALOGU	TEMA
ZHANËR	TRAGJEDI

58 - Cibo #2

```
M M R U K I V I B C K A Z Ç F
M O E Z M X V P R L O P A O W
R L L D J E E A O G S U F K H
F N Y L E Q Z T K K L L T O G
K G V T Ë Ë Ë Ë O U E Ë I L Y
D Ë P E S H K L L A D T K L Q
T W R T I T C L I B U K Ë A E
W H W P R A K X K J U Z D T R
W H T R U J M H G E U G Y Ë S
R N Y P R D E A Q Y D V S S H
J L O G G U H N X P Q Z L E I
B A N A N E S A K N J R H L B
D O M A T E M H L D S O O I Q
U E S F A J G Z I R O S I N E
P R O S H U T Ë Z T V D P O N
```

BANANE
BROKOLI
QERSHI
ÇOKOLLATË
DJATHË
KËRPUDHA
GRURI
KIVI
MOLLË
PATËLLXHAN

BUKË
PESHK
PULË
DOMATE
PROSHUTË
ORIZ
SELINO
VEZË
RRUSHIT
KOS

59 - Nutrizione

```
S K K A R B O H I D R A T E T
H A N F O U Y U T D I E T Ë E
Ë L G E J T E R T O K O R R J
N O R R M A E A S Z K U V A G
D R Ë M Ë N C K N U R S K U N
E I N E H I M G P F Z I I C Ë
T T S N S E I U E O C D Z N L
I Ë H T T T Y I S K E R O A Ë
E R Ë I E O O O H V H O X L M
X H M M D R G C A T N X I A O
Q S I I N P E S Y K Z V C B R
C E Y D Ë E X R S N W Z Q S A
J K T L H A I S Ë L I C F Z U
C J J N S U M Q U Z W F V K K
F A U Z I J R Ë C L A S R P Q
```

E HIDHUR
OREKSI
BALANCUAR
KALORITË
KARBOHIDRATET
NGRËNSHËM
DIETË
TRETJE
FERMENTIMI
AROMË

LËNGJET
PESHA
PROTEINAT
CILËSIA
SALCË
SHËNDETI
I SHËNDETSHËM
ERËZA
TOKSINË

60 - Matematica

```
G S H E S H I R T E M A I D P
J H F H S Ë D N Ë K E R T H A
E S H U M Ë Q I U I Y Ë L J R
O Y N Z Q J H R V V D T E E A
M K Ë N D E T T S I U E C T L
E P Q A W Q W E W J Z M S O E
T O D Z R Z O M S M M I Z R L
R L M V M I P I T W H R O E B
I I M P B A T S E C I E M N Z
A G G H O R E M X Q A P S T I
A O Q U Y I Ë S E Y H T Q I C
T N E N O P S K E T J C M H C
X I V Ë L L I M I I I V U T J
E K U A C I O N I G B K G M I
D R E J T K Ë N D Ë S H Ë E J
```

KËNDET	PARALEL
ARITMETIKË	PERIMETËR
DHJETORE	POLIGONI
DIAMETRI	SHESHI
DIVIZIONI	DREJTKËNDËSH
EKUACIONI	SIMETRI
EKSPONENT	SHUMË
THYESË	TREKËNDËSH
GJEOMETRIA	VËLLIMI

61 - Meditazione

```
Q K Z G Q W Q Q M B I T M Y H
G Z M P S R R E I M Q N E E P
R X M I A R D W T Q E V N M D
K U Z Y R Q U Y J Ë E M D O H
L A C G N Ë E U O B S M O C E
W A I I M I N A R P L I R I M
A R U T S O P J V O P E O B
K Y P U U W P M O C S A W N S
I T M E N D I M E H J C K E H
Z A Q A R T Ë S I V J I R T U
U N F J M E U E J D N E M G R
M I R Ë S I L Ë V I Z J A Q I
P E R S P E K T I V Ë Y T K Q
H E S H T J E E B K U J D E S
F R Y M Ë M A R R J A D Y S Y
```

PRANIMI
KUJDES
QETËSI
QARTËSI
DHEMBSHURI
EMOCIONET
MIRËSI
MIRËNJOHJE
MENDORE
MENDJE

LËVIZJA
MUZIKA
NATYRA
VROJTIM
PAQE
MENDIME
POSTURA
PERSPEKTIVË
FRYMËMARRJA
HESHTJE

62 - Antiquariato

```
F B Y S H E K U L L I C I H B
Y E V O N Y H A E A R E L V B
S K U L P T U R Ë N E J E U H
A U T E N T I K E K L L P B I
D I S A V N D E P A A I A N I
A V T T R I Z T I N G B Z C H
K J V Ç I T T N M D T O A G C
E E U M H L B A I U I M K J I
D T T I S Q I G R D C I O E L
M Ë Q M Y D P E U O F T N N Ë
U R U I S Z Z L A V K S T D S
M O N E D H A E T Y Q E Ë J I
A O H A L G W O S A L V D A A
H P F N T X I V E K V N T Q G
Z D G F E A J O R L U I R J L
```

ART
ANKAND
AUTENTIKE
GJENDJA
DEKADA
DEKORATIVE
ELEGANTE
GALERI
E PAZAKONTË
INVESTIM

MOBILJE
MONEDHA
ÇMIMI
CILËSIA
RESTAURIMI
SKULPTURË
SHEKULLI
STILI
VLERA
I VJETËR

63 - Escursionismo

```
C R O R L C J U J I M A L A D
N R Z R Ë G E I D I E L L Z F
W E Y C I P Ë R G A T I T J A
H Z U V T E M Z I Ç X L H H M
Y I I T I G N I P M A K A L I
P Q K K M B K T F F T S R T L
R E Q U A X C G I D C H T X K
U T H B S F X M A M G B Ë A V
H D S B T Z S E R Ë N D Ë P X
D G H M W J O H V N A T Y R A
O X S Ë R U G U Ë Q V E Y L M
L D F K Z X C H A T I Q L E F
Ë A A H Z U E U H L R R H T C
T R C S U V E F X E Y A Z H G
L I A P G H L S Z V M P V M J
```

UJI	RREZIQET
KAFSHËT	E RËNDË
KAMPING	GURË
KLIMA	PËRGATITJA
UDHËZUES	SHKËMB
HARTË	I EGËR
MAL	DIELL
NATYRA	TË LODHUR
ORIENTIM	ÇIZME
PARQET	SAMITI

64 - Professioni #1

```
B F G P I A N I S T A K O V A
M A O A F W R T P K G E G M W
U R L D M H A J Q V A D M Z E
Z G O E F A R M A C I S T Y I
I O K R R E I K N A B V C D C
K T I E O I H I D R A U L I K
A R S I D R N G J U E T A R Z
N A P M A A R E D A K T O R N
T H T R S H L C L D I K C K T
L C R E A U D I K P Z T C P S
C A A F B J G J E O L O G R I
R G J N M G A S T R O N O M T
X M N I A S H K E N C Ë T A R
F S E C I I L P B Y Z B U F A
B H R E N I R E T E V Z I Z Y
```

TRAJNER
AMBASADOR
ARTIST
ASTRONOM
AVOKAT
BALERIN
BANKIER
GJUETAR
HARTOGRAF
REDAKTOR

FARMACIST
GJEOLOG
GJUHARI
HIDRAULIK
INFERMIERE
MUZIKANT
PIANIST
PSIKOLOG
SHKENCËTAR
VETERINER

65 - Antartide

```
N B C Q S F P Ë S U H C B R Y
N M I T N E N I T N O K D E N
G F A L A N C Ë U E H D U L D
J B A L E N A T D R R Y O G F
Z S C I B D I I I M I R G I M
R U A J T J E D U K L E Q F M
M Y K U J R R E E G O Y A A I
T J J W U N O P S G Y R K R N
H I E R H W C S K T V W A G E
U B G D S G N K A K U L L O R
O Q L C I Y E E W D C K L E A
Q G O D J S K H F Y N A D J L
Q W X R G B H T Q A Q B G G E
H W L L U H S I D A G L G U T
T E M P E R A T U R A V K R G
```

UJI	MIGRIMI
MJEDIS	MINERALET
GJI	RETË
BALENAT	GADISHULL
RUAJTJE	STUDIUES
KONTINENT	ROKI
GJEOGRAFI	SHKENCORE
AKULL	EKSPEDITË
ISHUJT	TEMPERATURA

66 - Libri

```
G K C Z I H I S T O R I P T K
M V D X Z C P B D S Ë M Y R O
U L A V E N T U R Ë K Y F A N
F I O P O D F Y Y S I D U G T
Q A L A P W S A G B P F O J E
S J Q U B U S E U X E L O I K
H H H E E S E R I T T T N K S
K D I Z R T L R L E O G A E T
R E S C S E N A M O R R R X P
U L T L E T R A R E U F R I U
A B O Q U I N H V W T L A F B
R M R B J L W Y K E W Y T V Y
R A I E I A F M R G L I O P Z
K H K E R U H U M O R E R J B
H U E A K D E G M U S S R N O
```

AUTOR
AVENTURË
MBLEDHJA
KONTEKST
DUALITET
EPIKË
KRIJUES
LETRARE
LEXUES
NARRATOR

FAQE
POEZI
RELEVANTE
ROMAN
SHKRUAR
SERI
HISTORI
HISTORIKE
TRAGJIKE
HUMOR

67 - Geografia

```
I  P  T  V  S  E  A  F  U  P  N  A  P  G  I
A  U  N  A  I  D  I  R  E  M  I  J  E  P  S
C  Z  E  C  J  U  H  T  S  Z  Q  G  R  Y  H
R  O  N  O  U  Y  U  I  Ë  U  D  J  Ë  G  U
A  T  I  D  V  I  S  Ë  T  R  A  L  N  J  L
J  A  T  L  A  S  M  P  O  D  E  T  D  A  L
O  G  N  S  Z  Ë  H  U  B  W  G  B  I  T  T
N  B  O  A  M  R  E  H  L  C  C  K  M  Ë  E
U  V  K  I  A  E  M  Q  A  J  T  W  U  S  R
H  G  D  D  L  J  I  J  U  R  N  Z  P  I  R
S  R  D  N  H  G  S  D  J  J  T  X  Q  A  I
Q  Y  T  E  T  G  F  A  O  H  U  Ë  T  S  T
Z  Y  J  V  U  J  E  V  S  F  A  G  F  U  O
G  M  X  R  U  B  R  V  Z  K  P  R  V  N  R
V  E  R  I  T  Q  A  Y  X  A  O  Z  G  O  I
```

LARTËSI	DET
ATLAS	MERIDIAN
QYTET	BOTË
KONTINENT	MAL
HEMISFERA	VERI
LUMI	PERËNDIM
ISHULL	VENDI
GJERËSI	RAJON
GJATËSIA	JUG
HARTË	TERRITORI

68 - Cibo #1

```
T A K H G A M N V F H G L J B
O E N A C Y G I M K U R R S O
R B J E R D P G S G D Z Y L R
T G Q J D R S H K H H G I Z Z
Ë W O K Z I O F E J Ë T W Z I
G Ë P E Q V Z T N N R Q S U L
N P W D B P R A A P X J T R O
K E L U L E S H T R Y D H E K
R R N G E X E U P T S E T Q H
I R F E J S V J G C A A U E L
P M V Z X Q U M Ë S H T N H I
Ë E E Z O H L Ë N G V S A S M
U V K E G T I D A R D H Ë T O
P N F X K T Y K S P I N A Q N
K A N E L L Ë T A L L A S T F
```

HUDHËR	NENEXHIK
BORZILOK	ELB
KANELLË	DARDHË
MISH	RREPË
KARROTA	KRIPË
QEPË	SPINAQ
LULESHTRYDHE	LËNG
SALLATË	TUNA
QUMËSHT	TORTË
LIMON	SHEQER

69 - Etica

```
U X D A S I S B J I E D A I N
S E M H S E Y S R A E I L W D
W D B K E K Z L O A B N T D E
U S Ë R I M A H S A D J R T R
X R L V G T B A K K L I U O S
G Q T D L R J S D G Z T I L H
M R U Ë O M B F H U B E Z E M
Ë J O I S Ë R I M U R T M R Ë
Z C Y E O I H J Y V R I I A R
I N T E G R I T E T I I M N I
M Ë H S E U T K E P S E R C A
I F I L O Z O F I F O Q L Ë H
T B A S H K Ë P U N I M I I I
P D I P L O M A T I K E T K H
O R E A L I Z M I V L E R A T
```

ALTRUIZMI
DASHAMIRËS
DHEMBSHURI
BASHKËPUNIMI
DINJITET
DIPLOMATIKE
FILOZOFI
MIRËSI
INTEGRITETI

NDERSHMËRIA
OPTIMIZËM
DURIM
E ARSYESHME
REALIZMI
RESPEKTUESHËM
URTËSI
TOLERANCË
VLERAT

70 - Aeroplani

```
Y D A R I L L U B R U T A T T
M I H I H Z A P I U K E V U L
O Z H T N E R Q Z Ë U V E L J
T A O F U C T T I R J A N L D
O J A O H Z Ë S A E W O T U R
R N O Y G R S Q N F L P U M E
O I E W C R I R G S C L R B J
P A S A G J E R L O Z O Ë A T
L A R T Ë S I A O M U E Q C I
N D Ë R T I M I Y T I J V E M
K A R B U R A N T A S T N J P
T D N R N E J G O R D I H L C
G K O Y C E W F L T G R H U Y
A R X F L O O U I K W B Y N S
F L U A I P L C P V M Z H B D
```

LARTËSIA
LARTËSI
AJRI
ATMOSFERË
ULJE
AVENTURË
KARBURANT
QIELL
NDËRTIMI
DIZAJNI

DREJTIM
ZBRITJE
EKUIPAZHI
HIDROGJEN
MOTOR
TULLUMBACE
PASAGJER
PILOT
HISTORI
TURBULLIRA

71 - Governo

```
Q C L M O N U M E N T E K B U
D Y S H T E T I G M I X U G F
E F T E N W K G R J R R S A J
M W P E D B B P M A U Z H Z P
O G M P T B H J L W L G T L A
K I A E R A Ë B M O K E I V
R C U H O G R F A L F D T G A
A W I D N U H I M I Ë R U J R
C C T V H L C M L G T E I Ë
I Q A D I Ë K W I J X J A Z S
K O M B I L H Y R O M T G A I
S I M B O L E E I R W Ë K R A
P O L I T I K A Q E I S R A U
G J Y Q Ë S O R Y Ë U I T B B
D I S K U T I M J G S J R I B
```

UDHËHEQËS
QYTETARI
CIVILE
KUSHTETUTA
DEMOKRACI
TË FOLURIT
DISKUTIM
GJYQËSOR
DREJTËSI
PAVARËSIA

LIGJORE
LIGJI
LIRI
MONUMENT
KOMBËTARE
KOMBI
POLITIKA
SIMBOL
SHTETI
BARAZI

72 - Avventura

```
K L L Y V I T E T I V I T K A
X M O X R I R I L D X U R O J
B T G H A E D U C F W U I F T
P J K V E I N S K A K Z M O I
F L V W N P N T S U V T Ë O T
M I Q Z F L E S U F B F R V A
U D H Ë T I M E T Z I Z I I G
N A V I G A C I O N I D X S R
I T I N E R A R I V Q A A Z Ë
H S V Ë S H T I R Ë S I Z T P
H M E R R E Z I K S H M E M M
M U N D Ë S I G P X J V M G I
D R K Z E P A Z A K O N T Ë Z
O R D E S T I N A C I O N I Ë
X S I G U R I A R Y T A N O G
```

MIQ
AKTIVITETI
BUKURI
TRIMËRI
DESTINACIONI
VËSHTIRËSI
ENTUZIAZMI
GËZIM
E PAZAKONTË
ITINERARI

NATYRA
NAVIGACION
I RI
MUNDËSI
E RREZIKSHME
PËRGATITJA
SFIDAT
SIGURIA
UDHËTIMET

73 - Forme

```
C  R  I  T  U  D  T  B  H  D  P  K  B  E  V
P  I  A  T  K  O  N  R  U  R  H  T  E  R  R
V  H  L  K  Q  P  K  B  D  E  I  H  I  H  K
B  S  C  I  Ë  O  J  P  Z  J  P  I  A  X  I
H  E  F  P  N  F  S  Y  L  T  E  B  U  K  S
Q  H  I  R  A  D  W  H  V  K  R  H  A  R  K
A  S  Q  I  O  I  R  X  E  Ë  B  S  D  I  V
S  A  Q  Z  M  P  T  I  U  N  O  Ë  I  L  X
P  K  F  Ë  R  E  F  S  G  D  L  D  M  Q  S
I  U  A  M  O  V  A  L  E  Ë  A  N  A  A  P
L  E  Ë  J  N  I  L  C  B  S  W  Ë  R  Q  I
E  F  Z  Z  E  U  O  C  S  H  O  K  I  E  D
B  V  P  I  H  T  S  B  Z  A  M  E  P  T  X
P  O  L  I  G  O  N  I  E  W  H  R  M  I  F
E  J  M  D  U  K  U  R  V  E  A  T  M  Y  F
```

QOSHE
HARK
SKAJET
RRETH
CILINDRI
KON
KUBE
KURVE
ELIPS
HIPERBOLA

ANË
LINJË
OVALE
PIRAMIDA
POLIGONI
PRIZËM
SHESHI
DREJTKËNDËSH
SFERË
TREKËNDËSH

74 - Oceano

```
T D A V H G T P J M T G M E H
A B E Z Q J A S T U H I R O F
C N S L V R M F K O R A L I W
I I L R F A X U O N G J A L A
T I Q I L I L P K R G U M Ë X
A E N W U K N Ë J E R Y T K W
B R E S H K Ë Y T L Y J O R A
H E Q D S P E S H K W H A A C
Z J A C E L A K R A K T V V V
D G K B A L E N A K R I P Ë P
O N H G O C Ë D E T I I X R G
E U S O K T A P O D G Y E O A
M F E B K A N D I L D E T I E
N S P K W E A L T U N A V U L
S H L J I N I D S M Q S X P S
```

NGJALA

BALENA

VARKË

KORAL

DELFIN

KARKALECA

GAFORRJA

BATICAT

KANDIL DETI

VALËT

GOCË DETI

PESHK

OKTAPOD

KRIPË

GUMË

SFUNGJER

PESHKAQEN

BRESHKË

STUHI

TUNA

75 - Famiglia

```
P U B B U R R I F C P A U X S
M A J A U R G R Ë Z J A V N U
R N R D B K Q Ë M T S T V I F
Y Ë F A P A A H I S A W V A D
N N D V A D W S J V Ë L L A M
X I N L A R P U Ë L L A H G S
H Q P S X E D K A T Ë R O R E
A Y Z I A R Y H S Y U Y P C O
X P R J X G M Z Ë S E B M Y M
H A K G J Y S H I S V F K T B
A F V Z V R Ë T O M L X J S W
I F I P Y R N G J Y S H J A C
J P J M H H Ë S E V K Y C Y Q
B U B R A C N U D X I Z F I D
O T V W D T F Ë M I J Ë R I A
```

PARAARDHËS   NIPI
FËMIJË   MBESË
KUSHËRI   GJYSHJA
VAJZË   GJYSHI
VËLLA   BABA
FËMIJËRIA   ATËRORE
NËNA   MOTËR
BURRI   HALLË
NËNËS   XHAXHAI
GRUAJA

76 - Creatività

```
A I D E H K A Q Q L S X D D K
U M R M E R F S A G G M Y N N
T A A O E I T W I R O G C A L
E G M C K J Ë R M D T Y R J G
N J A I I U S K R C H Ë C W H
T I T O T E I S W I D V S C Q
I N I N S S S U L N D T G I M
C A K E I T E T I S N E T N I
I T E T T A J N E J D N I P Z
T Ë C T R P D Z W Z B O N S Ë
E B K N A W N Y Q Q D I T Z M
T C I M A Z H I Q O C Z U G Y
I S H P R E H J E F Q I I I R
S P O N T A N E X V A V T O F
P Ë R S H T Y P J E D C Ë Y R
```

AFTËSI
ARTISTIKE
AUTENTICITETI
QARTËSI
DRAMATIKE
EMOCIONET
SHPREHJE
IDE
IMAGJINATË
IMAZHI

PËRSHTYPJE
INTENSITETI
INTUITË
KRIJUES
FRYMËZIM
NDJESI
NDJENJAT
SPONTANE
VIZIONET

77 - Veicoli

```
U Y V G Q K G O M A V V V Z N
P Y H X T G R J B K U A N R Z
N H S M Y D W L B M D K R Q F
A M B U L A N C A P B U Z K T
L M H Z B T Y Q N P X T U T Ë
P A E K L O S R S T R E N A T
O K L G A Q T Z U E M X A K E
R I I V V M G U E G O W V S K
E N K Z K T I S A A T G R I A
A A O R T E M O G R O T A S R
R C P G W E E L N T R T K M E
A C T T U B I Ç I K L E T Ë T
F M E S Ë T E D N Ë N W P D U
T M R T R A K T O R U A M H K
T S N F P I R G M F Q F O W S
```

AEROPLAN
AMBULANCA
MAKINA
AUTOBUS
VARKË
BIÇIKLETË
KAMION
KARVAN
HELIKOPTER
METRO

MOTOR
GOMA
RAKETË
SKUTER
NËNDETËSE
TAKSI
TRAGET
TRAKTOR
TREN
RAFT

78 - Natura

```
G G C I J P Y D R C M S M A Y
S J I A T K X S T N A H J K B
Ë H E R T S L U M I L E E U D
T T K T W D L E A B E N G L N
E Z V R H O Y U R L T J U L L
Q I R N E H P Q K E O T L N F
I E G Ë R T R V T T G Ë L A K
D C B X O S Ë E I Ë A R P J A
R I R U K U B T K T C O P Ë F
F E N U U I N O I Z O R E T S
Q I C A N X U E U R Q J F E H
J U L J M V X O V L Ë A B R Ë
E E V O T I J E T Ë S O R E T
Z B V X L A K I P O R T E G M
O Y W L D T Q E O F I G B B L
```

KAFSHËT
BLETËT
ARKTIK
BUKURI
SHKRETËTIRË
DINAMIKE
EROZIONI
LUMI
GJETH
PYLL

AKULLNAJË
MALET
MJEGULL
RETË
STREHË
SHENJTËRORJA
I EGËR
QETË
TROPIKAL
JETËSORE

79 - Balletto

```
B P K D J K Ë N D S H Ë M I U
A Q R O K O M P O Z I T O R F
L E P A R A F T Ë S I M H K Y
E J P I K E S Ë H E R P H S E
R T W S Z T O A U D I E N C Ë
I I P L W E I G G J E S T B H
N K T U N K F K R V R Q U M U
A O Y D B I H E Ë A V O R P S
O R K E S T Ë R G M F K M N Y
N T J U K S U M R U N I H F J
N R J M Y I L U E Z H L Q Q J
S A B D B T X V Q I R I T Ë M
P U N G G R Y C R K F T L U X
P D W V Q A F T K A A S D Q I
I N T E N S I T E T I J A X V
```

AFTËSI
DUARTROKITJE
ARTISTIKE
BALERINA
KOMPOZITOR
KOREOGRAFI
SHPREHËSE
GJEST
KËNDSHËM

INTENSITETI
MUSKUJT
MUZIKA
ORKESTËR
PRAKTIKË
PROVA
AUDIENCË
RITËM
STILI

80 - Paesi #1

```
W B K L S O E Z N K O R A M I
J M Z N G G Y M M A C S X T Z
A P F L A L M W I N O L O P R
R U M A N I A X X A V A S I A
P D V X G A L B K D E J E J E
X T C G F L I I B A N K N G L
Z F L Ë J N A P S J E A E E I
I B I L L E I N D I Z M G K T
J R Z N R W R D S W U B A H N
G A A L L T M M J S E O L J C
E J R K V A S A A Y L X G V P
V F B J K S N M G N Ë H V K N
R P A N A M A D P U I I S N A
O V I E T N A M A H D A X U B
N S S S R Q T S Z U Y J H U M
```

BRAZIL	MALI
KAMBOXHIA	MAROK
KANADA	NORVEGJI
EGJIPT	PANAMA
FINLANDA	POLONI
GJERMANI	RUMANI
INDI	SENEGAL
IRAK	SPANJË
IZRAELIT	VENEZUELË
LIBI	VIETNAM

81 - Geometria

```
E T S I P Ë R F A Q E A G T I
V K R B Y E N S K L H I K E R
F A U E V R U K E B L N P O T
M T A A K Y E O U L O M G R E
H E W J C Ë L O G J I K Ë I M
O S S Z A I N L A R T Ë S I A
R I V A J G O D N U M Ë R N I
I M E O T F F N Ë Y K S P O D
Z E R J I A P Ë I S W E J I E
O T T S R S R K T J H G E S E
N R I P A I S E P Y T M S N U
T I K E G A Z W M E E E Ë E J
A U A P O U S C O U R N T M P
L R L W L R J W I D R T N I O
E S E K L E L A R A P N G D T
```

LARTËSIA
KËND
LLOGARITJA
RRETH
KURVE
DIAMETRI
DIMENSIONI
EKUACIONI
LOGJIKË
MESATARE

NUMËR
HORIZONTALE
PARALEL
PJESË
SEGMENT
SIMETRI
SIPËRFAQE
TEORI
TREKËNDËSH
VERTIKALE

82 - Foresta Pluviale

```
R D I V E R S I T E T I Z S E
Z U R E S T A U R I M I M L A
O K A R Y T A N J N X D I J O
G L L J Q V G B Ë N A Ë T E R
J I L I T P X M R E S P E K T
T P T O M J D F E J E Z T I E
Ë F O W J A A H L G T T I N T
L O N E O E X K V I E W N A K
Ë O I T T R T K E D J A U T E
G J I T A R Ë T M U I P M O S
N O P P I I B G Q A B A O B N
U Z B Q U Z I F X G M J K U I
H J E G R X F G N B Z I J I D
X A K H S Y M D R B R G B Z F
E N F F G N A S T R E H Ë L Y
```

AMFIBËT	NATYRA
BOTANIK	RETË
KLIMA	RUAJTJA
KOMUNITETI	ME VLERË
DIVERSITETI	RESTAURIMI
XHUNGËL	STREHË
AUDIGJEN	RESPEKT
INSEKTET	MBIJETESA
GJITARËT	LLOJET
MYSHK	ZOGJTË

83 - Edifici

```
L E T O H T E A T R I S V S F
H A V F B A K N T H B T Ë H D
A L B H I I F I A B S A L Y W
A L L O K H S B C D O D L A K
I E Ç P R Q M A T K O I U Q F
R J D A P A M K Q O Z U K M S
O T G K D M T L D X W M I F M
T H T O O Ë X O J N I I N D H
A S C X U N R X R S E O E B A
V Ë N B F Z A D A S A B M A M
R K H T N E M A T R A P A E B
E K J T E K R A M R E P U S A
S P I T A L Q M S X Q L E Z R
B R L D C A F C Ë K I R B A F
O I C I H U U M U Z E S M H L
```

AMBASADA	MUZE
APARTAMENT	SPITAL
KABINA	OBSERVATORI
KËSHTJELLA	SHKOLLA
KINEMA	STADIUMI
FABRIKË	SUPERMARKET
FERMË	TEATRI
HAMBAR	ÇADËR
HOTEL	KULLË
LABORATOR	

84 - Malattia

```
I  M  U  N  I  T  E  T  I  I  T  V  T  I  R
K  R  O  N  I  K  E  T  U  K  A  Q  R  V  E
Z  S  A  A  F  X  Z  U  Y  D  M  Y  A  N  S
P  O  R  I  M  O  R  D  N  I  S  T  S  C  P
E  S  Ë  T  I  J  G  N  J  U  X  U  H  U  I
Z  N  N  A  T  E  R  A  P  I  A  W  Ë  I  R
M  B  Q  P  G  E  L  V  Q  K  O  I  G  T  A
A  W  A  O  J  R  X  M  E  S  I  T  I  R  T
T  K  T  R  A  N  O  M  L  U  P  E  M  U  O
I  F  S  U  K  L  Z  K  J  I  M  D  O  P  R
M  N  K  E  B  U  E  E  G  E  R  N  R  I  E
Z  N  J  N  Z  V  M  R  M  K  H  Ë  E  G  T
G  J  E  N  E  T  I  K  G  R  L  H  Q  J  D
M  I  R  Ë  Q  E  N  I  E  J  A  S  D  J  J
X  J  V  I  D  O  B  Ë  T  H  I  H  K  V  J
```

AKUTE
BARKU
ALERGJI
MIRËQENIE
NGJITËSE
TRUPI
KRONIKE
ZEMRA
I DOBËT
TRASHËGIMORE

GJENETIK
IMUNITETI
PEZMATIM
MESIT
NEUROPATIA
PULMONAR
RESPIRATORE
SHËNDETI
SINDROMI
TERAPIA

85 - Paesi #2

```
G  N  S  U  T  P  R  Q  B  L  V  F  E  G  S
D  R  B  A  D  A  U  I  R  L  A  N  D  A  L
A  L  E  E  E  K  S  T  R  K  B  H  L  I  J
N  I  A  Q  L  I  I  I  R  E  X  F  E  E  I
I  B  I  R  I  S  N  A  E  A  G  U  K  T  N
M  E  R  P  S  T  O  H  Y  N  H  I  Z  I  D
A  R  Ë  B  P  A  P  W  M  I  E  X  N  O  O
R  I  P  S  Q  N  A  R  E  B  M  P  W  P  N
K  Q  I  D  W  W  J  J  K  X  D  Q  A  I  E
Ë  K  Q  H  W  K  X  C  S  S  E  O  L  L  Z
D  H  H  Z  Y  C  F  L  I  G  X  B  Z  U  I
N  H  S  M  T  S  S  A  K  J  A  M  A  H  X
A  X  D  G  K  U  Q  O  Ë  N  I  A  R  K  U
G  Z  F  Z  L  B  B  S  S  U  D  A  N  E  E
U  V  E  G  F  Y  P  F  K  Z  T  O  V  D  N
```

SHQIPËRIA
DANIMARKË
ETIOPI
XHAMAJKA
JAPONI
GREQI
HAITI
INDONEZI
IRLANDA
LAOS

LIBERI
MEKSIKË
NEPAL
NIGERI
PAKISTAN
RUSI
SIRI
SUDAN
UKRAINË
UGANDË

86 - Tipi di Capelli

```
G D S C R Y N S N Z D E N M Z
J A R G J E N D I T H A T Ë J
A B U T Ë H T N G Ë L L O H I
T E V O P F N O X R W Y S S C
Ë D B K A F E J B Y Y E S T L
Z N F A Q D P B P J B T G E T
E O T T R U D N E G I R M D U
Z E X E Ë D K J M N H A M N L
E M F H T I H A W E V S G Ë L
Q N H S R M K Ë Ç M O H A H A
S A Y R U W Z A X U F Ë Q S C
Q K V Ë D M A K Q R Z T I K
V F V G H Q W U V T Q R X S E
O D X T S L R U C E M N E J R
B D G K I X N I Q M E F W L S
```

ARGJENDI	KAFE
THATË	BUTË
E BARDHË	E ZEZË
BJOND	ME ONDE
I SHKURTËR	KAÇURREL
TULLAC	CURLS
ME NGJYRË	I SHËNDETSHËM
GRY	I HOLLË
ENDUR	E TRASHË
GJATË	GËRSHETA

87 - Vestiti

```
P B U H M M M S J C P N T P V
A X L S K D B R H X U O M A E
N H T U Q P N A D R E J G L S
T A L C Z J D D T O J A W L H
A K A B N Ë O O Q H A K Q T J
L E I D Q L I M M K M S A O E
L T Q V C E S A N D A L E Y V
O Ë B O F P O S E W H L K R K
N P H U K A K Y L Y Z Y B P P
A P E E Q K I Ë Q A I Z W P Z
Z S H A L L R W M K P Q B G W
E F J F A E T Z P I R R J N T
R P L A T F O R M Ë S N I H X
O N W K L D Q E F U I H C F L
D F B V X M U A Z J S U Ë P D
```

VESHJE	PLATFORMË
BYZYLYK	DOREZA
BLUZË	XHINS
KËMISHË	TRIKO
KAPELË	MODA
PALLTO	PANTALLONA
RRIP	PIZHAMA
GJERDAN	SANDALE
XHAKETË	MBATH
SKAJ	SHALL

88 - Attività e Tempo Libero

```
K V K U D S E A G Z T G H Q B
M Y A D C Z A C T K X K I V A
T X M H T P B S Ë R F O K P S
E A P Ë N A R U T K I P I A K
S J I T N R G S T H X U N Z E
P Y N I A Y E W O Ë D Z G A T
T E G M Y V G J N M S M F R B
E M S I R X H C G F P K L H O
N D N H Z H Y T J E I L O J L
I K X L K F U T B O L L G B L
S G R I G I K O P S H T A R I
A R T V X B M V C I C O Q Z D
G K N R B O J I X O E K R P E
S K R V Q H B E J S B O L L I
V O L E J B O L L T O A E I B
```

ART	ZHYTJE
BEJSBOLLI	NOT
BASKETBOLL	VOLEJBOLL
BOKS	PESHKIMI
FUTBOLL	PIKTURA
KAMPING	ZBUTËS
HIKING	PAZAR
KOPSHTARI	SËRF
GOLF	TENIS
HOBI	UDHËTIMI

89 - Arte

```
P S N D N S K E L P M O K K P
E N N M D U V I Z U A L E L I
R X I E E B W I S I F I U H K
S S D J R J U J U T R N K D T
O Ë T H S E J H T E Y O M W U
N R U E H K Z U H B M J M K R
A U D R Ë T N D W U Ë I S U A
L T X P M E H V W L Z R T Z H
E P P H F K N Z E P U K K M J
B L O S I I M Z I L A E R U S
M U E U G M Z M W O R X N H F
X K Z V U A J R Ë B R Ë P P Y
P S I M R R P U Y M A K I L U
S W N C A E L A N I J G I R O
L L V J G Q V V H S H G F U F
```

QERAMIKE
KOMPLEKS
PËRBËRJA
KRIJONI
PIKTURA
SHPREHJE
FIGURA
FRYMËZUAR
NDERSHËM
ORIGJINAL

PERSONALE
POEZI
SKULPTURË
E THJESHTË
SIMBOL
SUBJEKT
SUREALIZMI
HUMOR
VIZUALE

90 - Meteo

```
E J Z G H P S M X O F Q V C M
Z I C L P J B J D X L Y N U U
T H A T Ë O P E R A L O P N S
S R D R O R X G P P A F J S O
A T K C J L E U G M D B B D N
Z H U N J C S L L E I Q U N P
N F F H N W T L T O R N A D O
C E X A I S Ë T A H T E M Q O
V T R O P I K A L G P R I W P
T E M P E R A T U R Ë A L H Y
I P F S T D X Z D D Y L K X U
E H W U T H S Ë G A L L U K A
Z N D M R M I L L U B U B F C
H S I Z Z R E O T N E N G G O
A T M O S F E R Ë S R K U M Y
```

YLBER
THATË
ATMOSFERË
FLLAD
QIELL
KLIMA
RRUFE
AKULL
MUSON
MJEGULL

RE
POLARE
THATËSIA
TEMPERATURË
STUHI
TORNADO
TROPIKAL
BUBULLIM
LAGËSHT
ERA

91 - Corpo Umano

```
H  U  U  W  C  J  K  B  W  B  G  J  U  U  Q
B  G  Z  E  M  R  A  A  R  Y  T  Y  F  M  J
U  W  C  E  T  W  Z  R  Z  R  N  Y  V  H  G
D  Z  D  I  V  O  M  K  I  N  Q  G  T  A  G
D  P  G  Q  F  E  H  I  R  U  R  T  I  A  H
G  Z  V  O  L  C  S  T  T  M  M  J  K  Z  Z
H  A  E  H  J  U  U  H  W  L  Q  H  H  I  K
T  O  J  V  M  A  K  S  Ë  R  U  K  Ë  L  Ë
S  N  A  S  X  J  Z  I  K  Y  Ç  R  I  H  M
W  J  O  U  I  Y  E  G  O  S  U  P  T  U  B
Q  A  F  Ë  F  N  H  K  K  S  F  X  T  N  Ë
X  K  B  G  V  L  V  X  Ë  Y  A  R  N  D  S
R  T  V  J  T  U  L  Y  R  R  Ë  B  R  Ë  Y
Y  D  S  A  E  C  K  A  O  D  O  P  D  M  S
S  B  B  K  K  M  L  Z  D  B  K  H  U  T  O
```

GOJA	DORË
KYÇRI	MJEKËR
TRURI	HUNDË
QAFË	SY
ZEMRA	VESH
GISHTI	LËKURËS
FYTYRA	GJAK
KËMBË	SUP
GJU	BARK
BËRRYL	KOKË

92 - Mammiferi

```
I  L  V  C  D  E  V  B  B  T  E  N  Z  Y  Y
R  T  E  V  Z  B  L  B  W  V  A  J  M  J  M
L  Z  C  P  S  Z  W  B  Q  R  J  I  R  P  E
D  C  A  E  U  N  A  D  E  M  D  L  T  M  L
G  E  M  H  I  R  Ë  B  E  Z  E  Z  Z  U  E
I  R  L  Q  R  R  I  O  I  W  L  Y  V  L  F
C  D  L  F  A  U  K  J  U  O  E  N  O  U  A
J  D  L  A  I  G  G  J  I  R  A  F  Ë  A  N
Z  A  S  Q  K  N  U  M  J  A  M  A  G  N  T
H  H  K  J  J  A  Q  V  Z  H  A  P  O  I  I
Ë  T  O  J  O  K  O  E  K  W  D  G  R  H  M
L  M  F  Z  F  C  L  X  N  N  B  J  I  N  J
A  B  A  L  E  N  A  H  M  B  H  K  L  Q  J
K  S  X  W  Z  X  R  H  C  E  W  P  L  O  D
Z  C  X  M  L  O  T  L  X  P  X  W  A  D  X
```

BALENA	GJIRAFË
QEN	GORILLA
KANGUR	LUANI
KALË	UJKU
DRE	ARIU
LEPURI	DELE
KOJOTË	MAJMUN
DELFIN	DEM
ELEFANTI	FOKS
MACE	ZEBËR

93 - Giardinaggio

```
G J E T H B P S Ë K O T I G X
E F A R A M S I E X F R I E S
G I K B Y E Z F S Z E K J O K
F C Y P D N H A W L O M A K L
L U L E S Ë X C H E L N I U I
P U J I P H T O Z Ç I Ë A J M
E S E T L N Ç O R A P E K L A
M W X H E U E O K W D R U U E
I A P S H F G M I B U Q E T Ë
S W V Ë R Q L V N W S P G E T
H P F G A F I E A I Q V L J T
T G U A S C D D T P F H A O M
E N E L H S B G O Ë N T Z L K
E K Z O T I K E B C J W C L W
Y L W R L D N G R Ë N S H Ë M
```

UJI	GJETH
BOTANIK	PEMISHTE
KLIMA	BUQETË
NGRËNSHËM	FARA
PLEHRASH	LLOJET
ENË	PISLLËKU
EKZOTIKE	SEZONALE
ÇEL	TOKËS
LULES	ÇORAPE
FLETË	LAGËSHTI

94 - Universo

```
V V P O A S T R O N O M I A A
T X O A R E F S I M E H Z S T
D X K N D B S O L S T I C T M
I L S Ë E S I V P E N G Q E O
Q I E H N Z K T G N O J K R S
X I L U Y V Z C A J Z E N O F
G J E M H S K U D E I R B I E
D A T L X A K C X Y R Ë K D R
Y K L Y L B M G P H O S M I Ë
Q U Q A L O U B I P H I T H O
N Y Z V K Ë R I S Ë R R E S J
N L E G E T L E R O L L E I D
Q I E L L H I A S T R O N O M
A Z P V Y R E K I M Z O K L Y
G J A T Ë S I A Ë B U P O M G
```

ASTEROIDI	GJERËSI
ASTRONOMI	GJATËSIA
ASTRONOM	HËNA
ATMOSFERË	ORBITA
ERRËSIRË	HORIZONT
QIELLORE	DIELLORE
QIELL	SOLSTIC
KOZMIKE	TELESKOP
HEMISFERA	E DUKSHME
GALAKTIKË	

95 - Jazz

```
A B A T E R I D R J F M T P P
L K E Q J M N V I L I T S P O
B Ë K I N K E T T B F R W Ë R
U N W Y V P G R Ë T S E K R O
M G X T M S W G M D T C I B T
J Ë J D K K S H Ë O G N M Ë I
U L W E P Q P N H I N O P R Z
N M K S T I M P S V B K R J O
T H E K S I R Z M J Y J O A P
W N S N I C G I A E N A V K M
S Z E T T H N V F T N H I I O
E J N L R I Z J I Ë W E Z Z K
J K H A A I Q S E R S J I U C
J X G S H T Z H A N Ë R M M Y
D U A R T R O K I T J E P D X
```

ALBUM	ZHANËR
DUARTROKITJE	IMPROVIZIM
ARTIST	MUZIKA
BATERI	I RI
KËNGË	ORKESTËR
KOMPOZITOR	RITËM
PËRBËRJA	STILI
KONCERT	TALENT
THEKSI	TEKNIKË
I FAMSHËM	I VJETËR

96 - Vacanze #2

```
V K K U A Z I V U I S H U L L
X B X T E W R Q L D H Y L D X
J P V K R Ë E H H T H D U F N
Y H X C O T S L R E R Ë R G M
K O K I P I T E L A M E T S A
Q I D O O F O T F G K J N I C
I F E D R A R O G S E N K C M
R C E N T R A H A C P I O L P
H A R T Ë G N I P M A K H X V
P L A Z H O T S O I O T A Ç K
I H U A J T E K Z A T A E A W
D Y Ë T R O P A S A P B L D D
J W O W J F D T P I J O I Ë X
D E S T I N A C I O N I R R T
T T R A N S P O R T I B Ë N O
```

AEROPORT
KAMPING
DESTINACIONI
FOTOGRAFITË
HOTEL
ISHULL
HARTË
DET
MALET
PASAPORTË

RESTORANT
PLAZH
I HUAJ
TAKSI
KOHA E LIRË
ÇADËR
TRANSPORTI
TREN
UDHËTIM
VIZA

97 - Attività

```
A F T Ë S I K Q K L K P G U T
A Y J D U N A E D K R F I Z T
R K O G G H M R L O N J S G F
Ë F T N K O P A E P L T V V T
J O E I D J I M X S X R E J E
O T T K V Z N I I H J Q M P D
L O A I Z I G K M T B A Y E Y
M G N H F D T A I A F D Z Y H
T R A M G I N E J R Q E P J E
R A Z M A G J I T I G J H J L
M F W F C U P I M I K H S E P
Q I G J U E T I A R B D Y Y R
K Ë N A Q Ë S I P S M O V O H
B P C N A C I M I Z Ë L L A V
K O H A E L I R Ë C C Ç P K L
```

AFTËSI	FOTOGRAFI
ART	KOPSHTARI
ZANATET	LOJËRA
AKTIVITETI	LEXIMI
GJUETIA	MAGJI
KAMPING	PESHKIMI
QERAMIKA	KËNAQËSI
QEPJE	ENIGMA
VALLËZIMI	ÇLODHJE
HIKING	KOHA E LIRË

98 - Diplomazia

```
U K O N F L I K T F U D N M C
V G C A Ë T U L O Z E R Q T G
T R A K T A T I T T K E M M S
Q A Q I A E P K R K Y J H L M
S Y B M D T P O O G E T Q D I
I N T R I I T L L M X Ë M S N
G X O E P K Z R R I K S I A T
U A S F T A O Y V A T I T D E
R H R O D A S A B M A I U A G
I D U Ë S I R E V E Q V K S R
A I M T R U B Ë D Q E H S A I
Z G J I D H J E T M A Z I B T
K Ë S H I L L T A R X O D M E
K O M U N I T E T I L I C A T
D I P L O M A T I K E M F Q I
```

AMBASADA
AMBASADOR
QYTETARËT
KOMUNITETI
KONFLIKT
KËSHILLTAR
DIPLOMATIKE
DISKUTIM
ETIKA

DREJTËSI
QEVERISË
INTEGRITETI
POLITIKA
REZOLUTË
SIGURIA
ZGJIDHJE
TRAKTATI

99 - Forniture Artistiche

```
K A M E R A K P S E M U T L A
M Y S Z T C A P A C R U F E R
B O J Ë R A U J I S N O F T G
F K T J K X P A N Y T O L Ë J
Z I K O Ë M O G K G C E F R I
V O Z B M L R S Y R J B L A L
B V T M B I J Q I I I I C E Ë
P A I Z A T N A F L J L T I X
V A J Y L Q F J S U U E I Ë C
E C D P E N G J Y R A T T K S
Z R L D C F U L A P S A A Y U
V Q Y M Y R D R U R I C B U K
F W T G A T O E K B S T E J Y
G I D Y C I R D E C O P L V H
K A R R I G E O I D E Q A O W
```

UJI	GOMË
BOJËRA UJI	IDE
AKRILIK	BOJË
ARGJILË	LAPSA
QYMYR DRURI	VAJ
LETËR	PASTELE
KËMBALEC	KARRIGE
NGJITËS	FURCA
NGJYRAT	TABELA
FANTAZIA	KAMERA

100 - Misurazioni

```
G Y Z K X Q D A T L H T H E C
J L T T K L E H J L I H R D E
A D Ë O M A R G J F F T K D N
T L T A A L R X D E Ë T Ë D T
Ë G U L R P I T G G T G L R I
S F N B G F G S V S N O G R M
I K I L O M E T Ë R I T R D E
A I M U L C J T D L P O J E T
R N A O I W P K A K L N K F Ë
U Ç M W K E I U R G Q E M T R
R N M A T Ë S Y G Y A J H O I
A I S Ë T R A L H J U B I T W
V Y Z O J V Ë L L I M I I K N
P E S H A I S Ë R E J G N R W
I L G W B M U R N U H J G S T
```

LARTËSIA   GJATËSIA
BAJT   MATËS
CENTIMETËR   MINUTË
KILOGRAM   ONS
KILOMETËR   PESHA
DHJETORE   PINTË
GRADË   INÇ
GRAM   THELLËSI
GJERËSIA   TON
LITËR   VËLLIMI

1 - Salute e Benessere #2

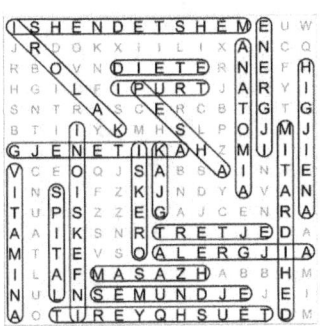

2 - Aggettivi #2

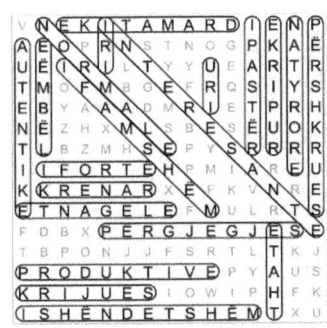

3 - Ingegneria

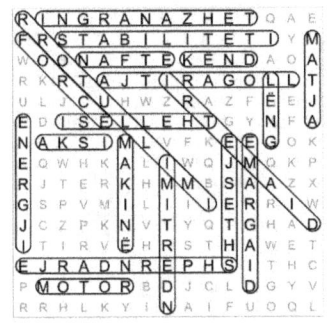

4 - Archeologia

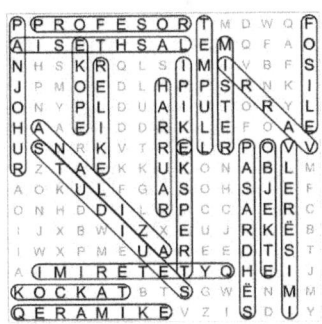

5 - Salute e Benessere #1

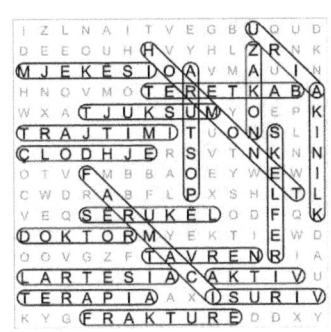

6 - Aggettivi #1

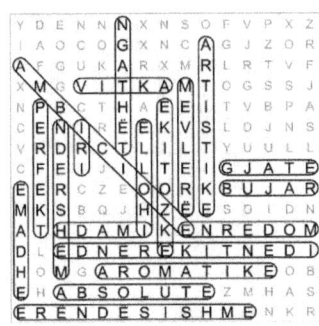

7 - Geologia

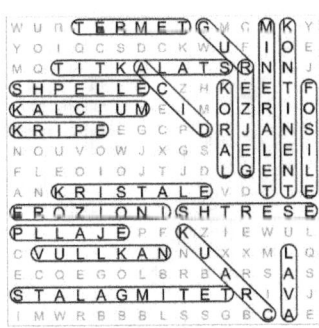

8 - Campeggio

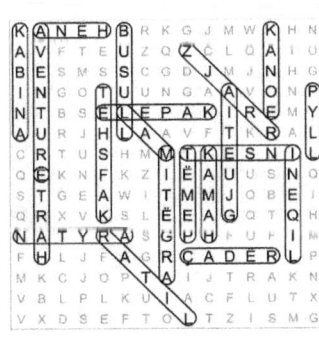

9 - Arti Visive

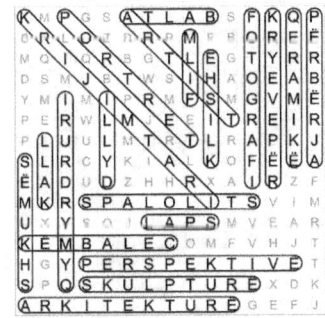

10 - Tempo

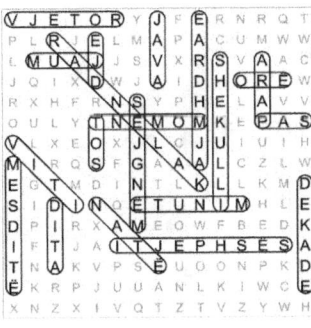

11 - Astronomia

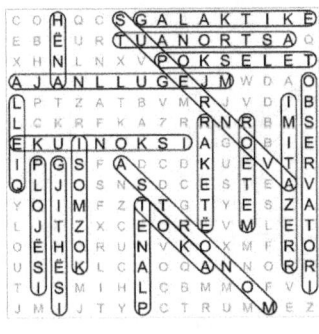

12 - Algebra

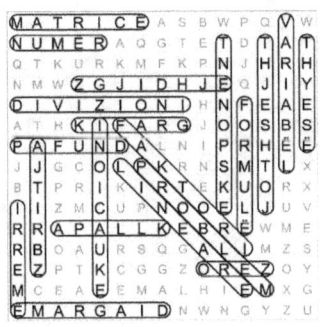

13 - Mitologia

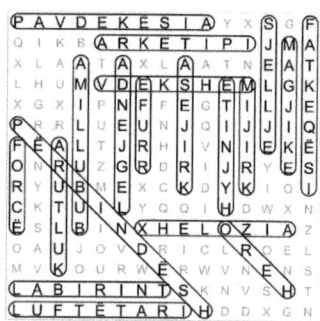

14 - Piante

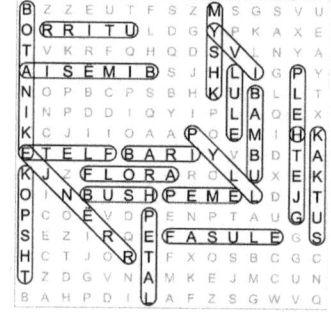

15 - Spezie

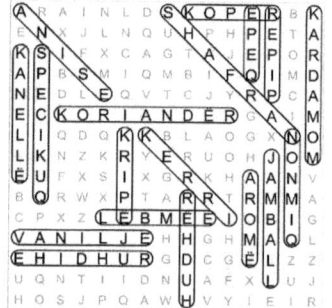

16 - Cioccolato

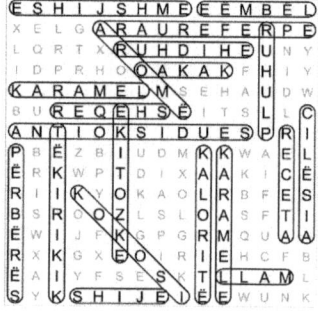

17 - Guida

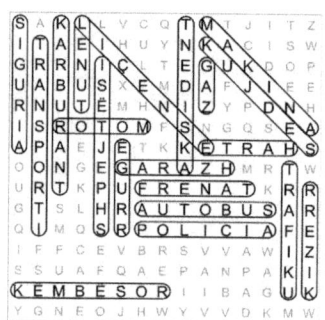

18 - I Media

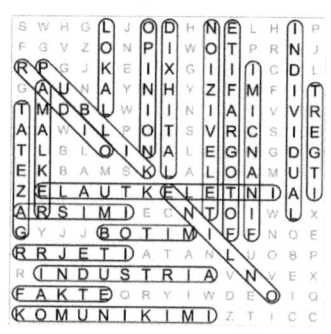

19 - Forza e Gravità

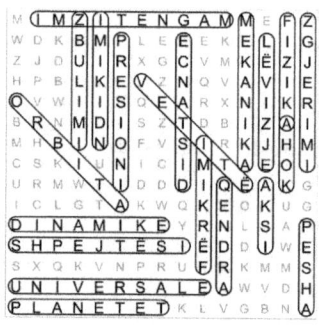

20 - Sport

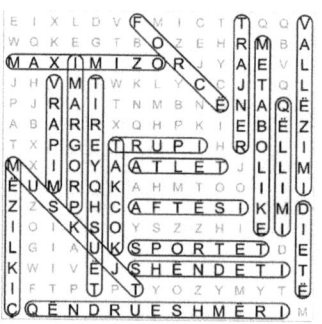

21 - Uccelli

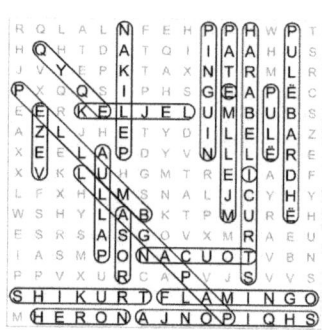

22 - Giorni e Mesi

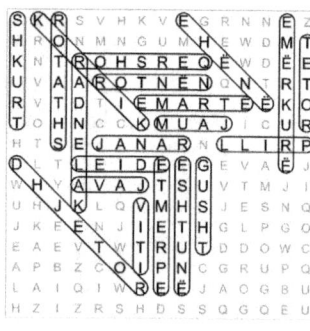

23 - Casa

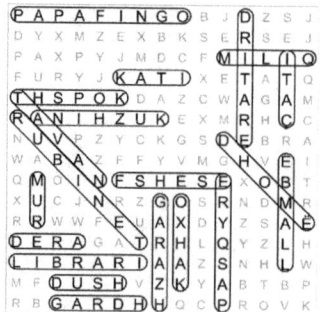

24 - Fantascienza

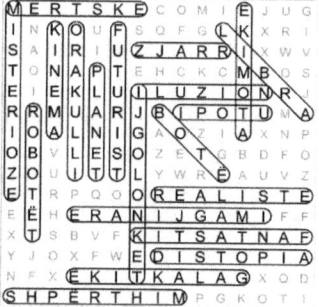

25 - Città

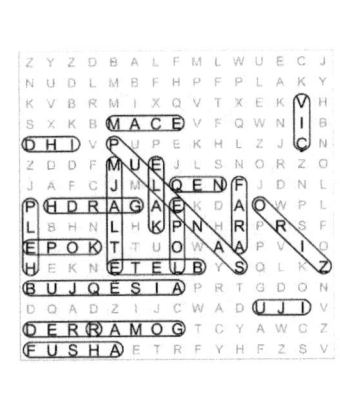

26 - Fattoria #1

27 - Psicologia

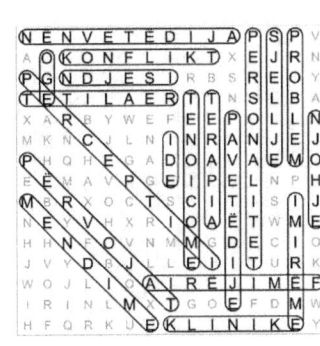

28 - Paesaggi

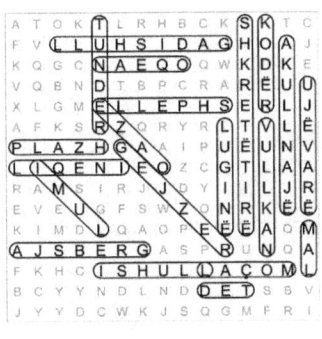

29 - Energia

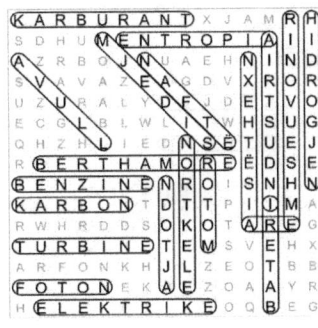

30 - Ristorante #2

31 - Moda

32 - L'Azienda

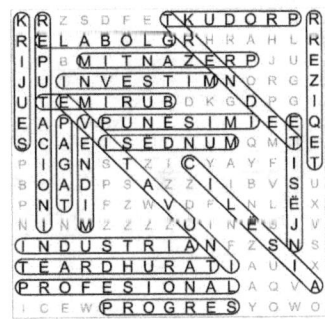

33 - Giardino

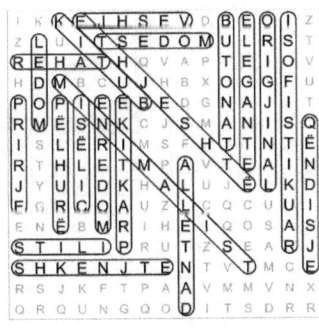

34 - Riscaldamento Gl

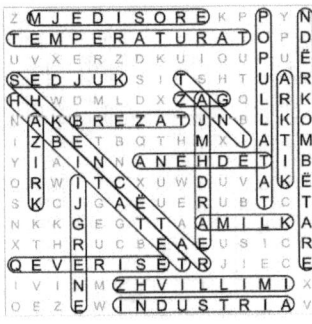

35 - Frutta

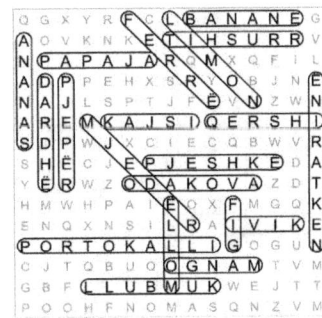

36 - Fattoria #2

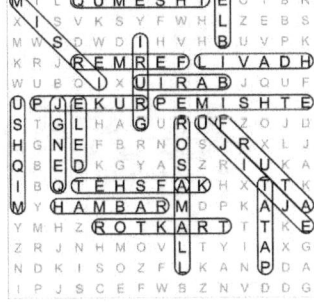

37 - Verdure

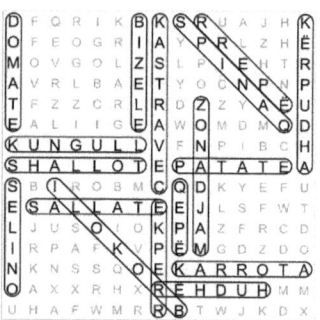

38 - Musica

39 - Barbecue

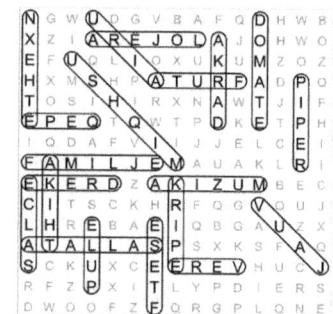

40 - Riempire

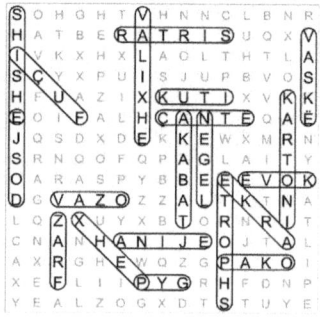

41 - Insetti

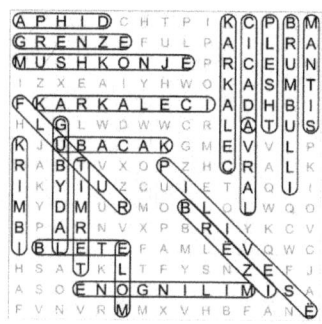

42 - Fisica

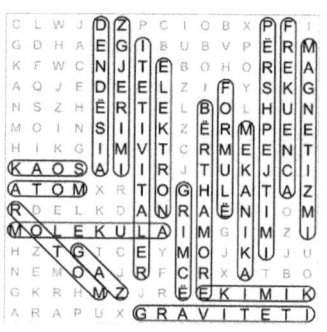

43 - Agronomia

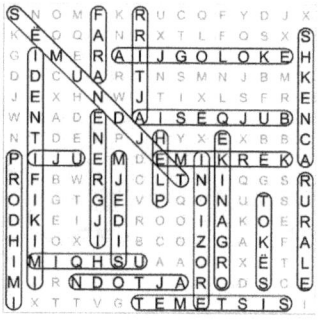

44 - Erboristeria

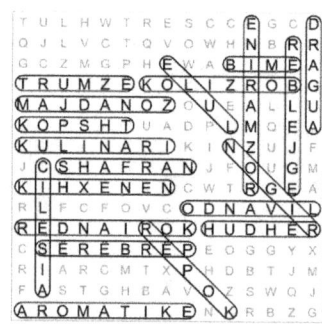

45 - Biologia

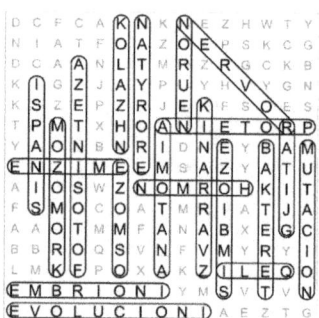

46 - Attività Commerciale

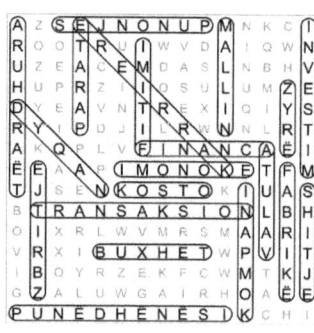

47 - Fiori

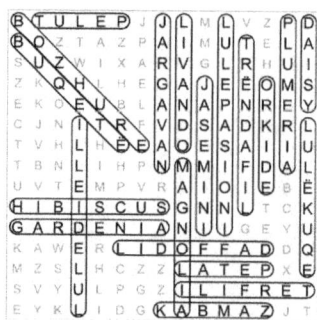

48 - Filantropia

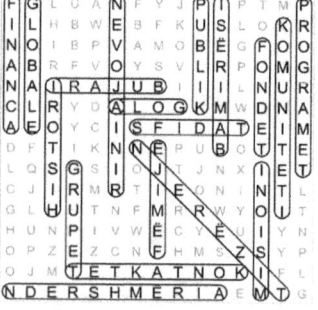

49 - Discipline Scientifiche

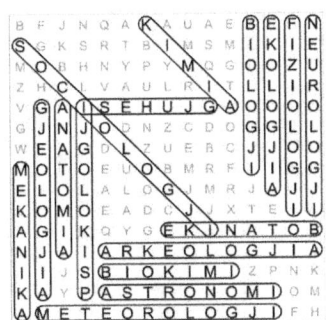

50 - Scienza

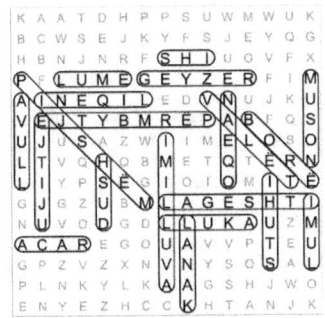

51 - Acqua

52 - Imbarcazioni

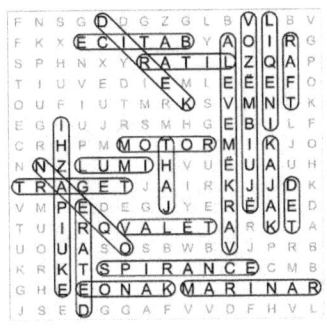

53 - Chimica

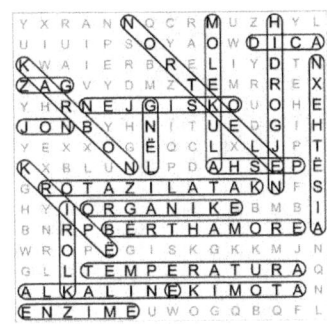

54 - Api

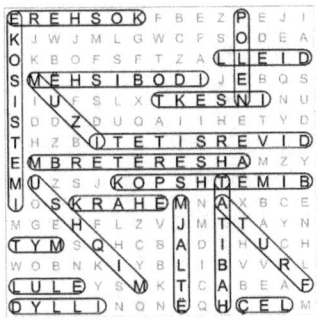

55 - Strumenti Musicali

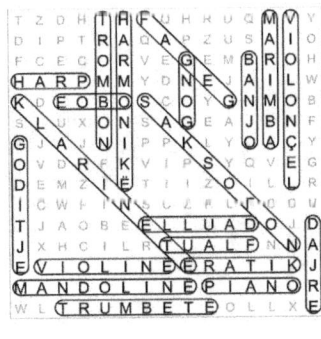

56 - Professioni #2

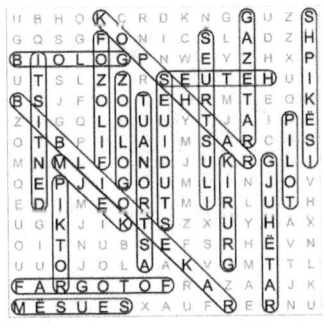

57 - Letteratura

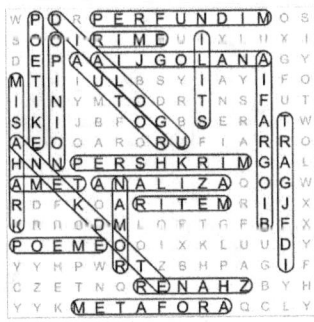

58 - Cibo #2

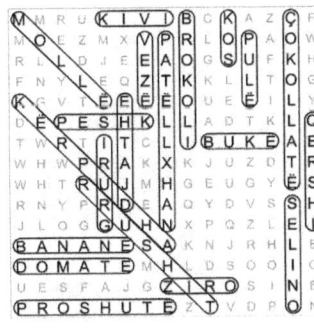

59 - Nutrizione

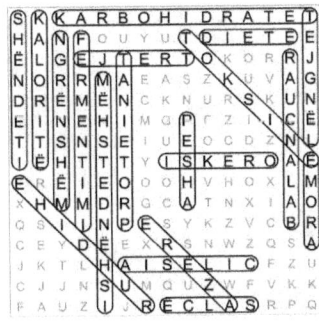

60 - Matematica

61 - Meditazione

62 - Antiquariato

63 - Escursionismo

64 - Professioni #1

65 - Antartide

66 - Libri

67 - Geografia

68 - Cibo #1

69 - Etica

70 - Aeroplani

71 - Governo

72 - Avventura

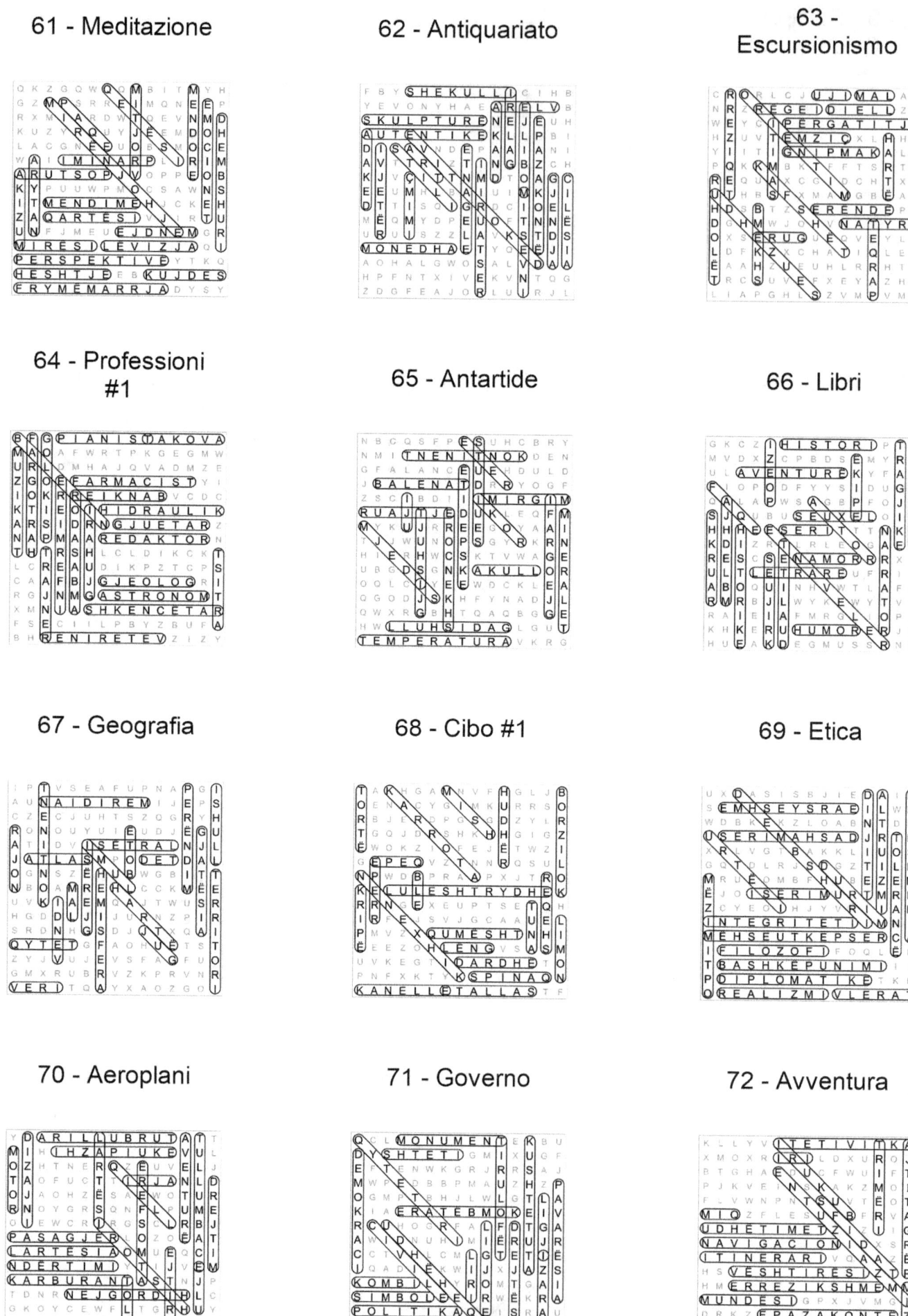

73 - Forme

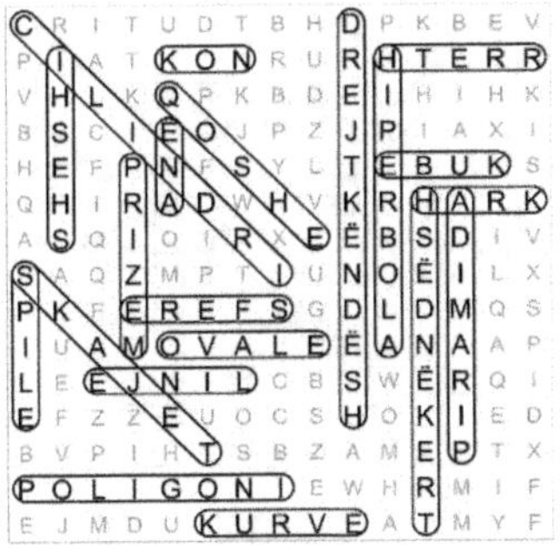

74 - Oceano

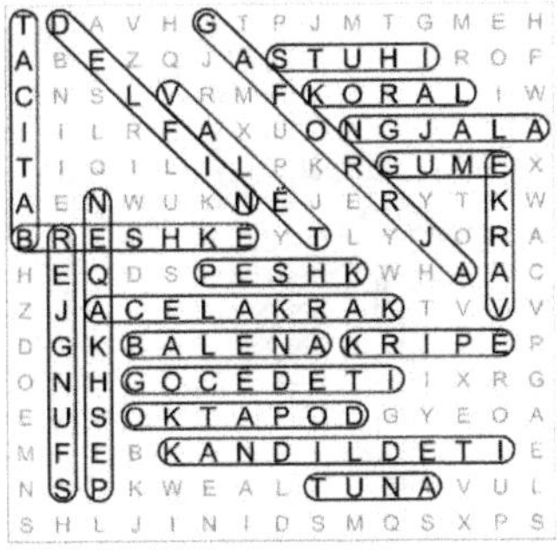

75 - Famiglia

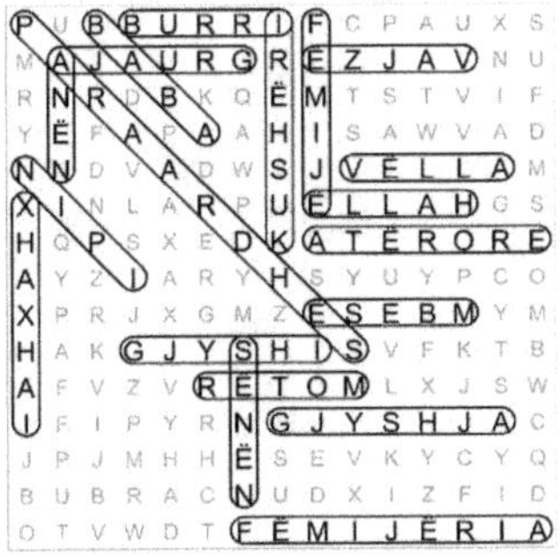

76 - Creatività

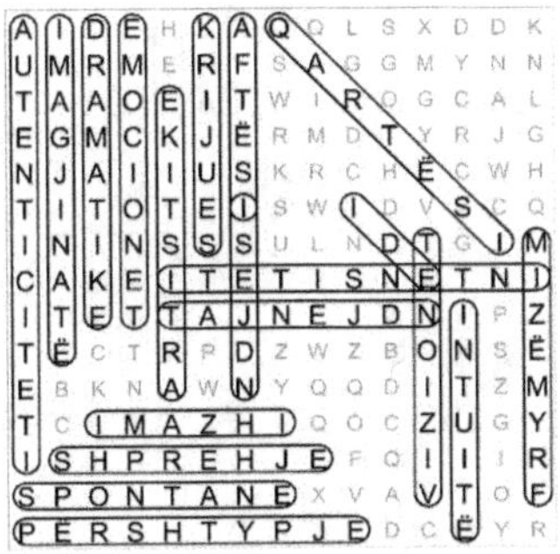

77 - Veicoli

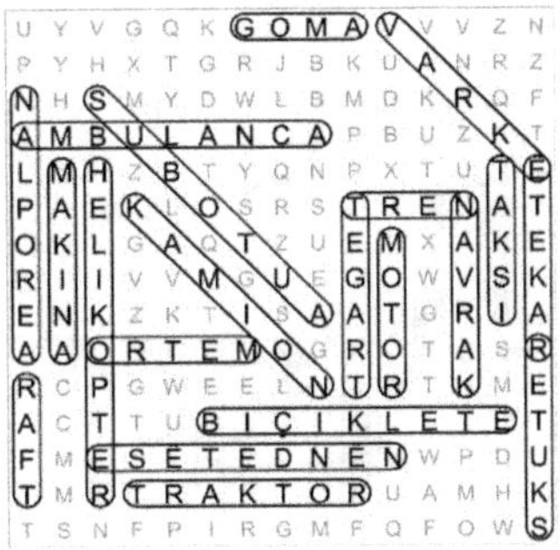

78 - Natura

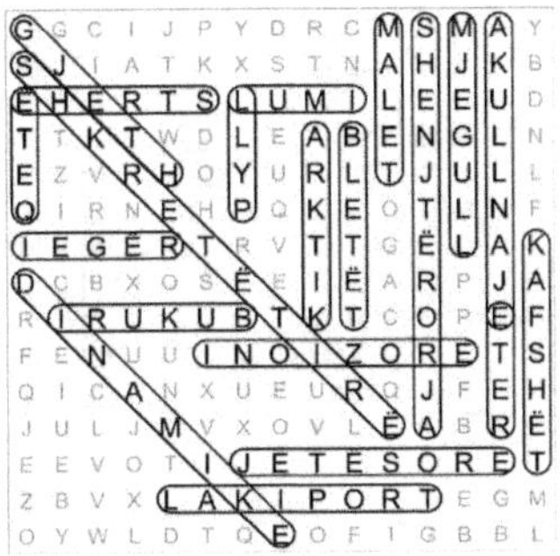

79 - Balletto

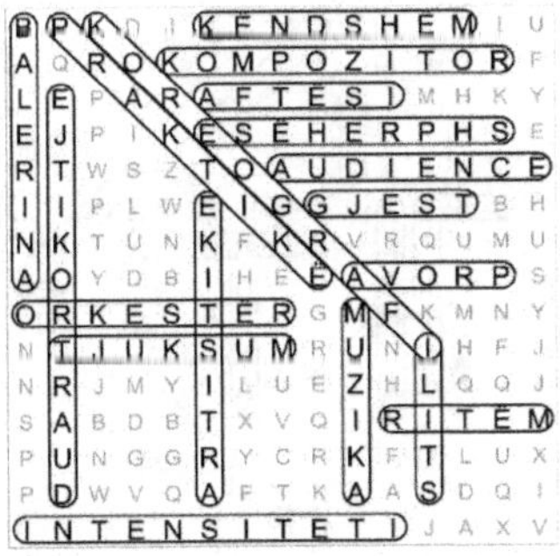

80 - Paesi #1

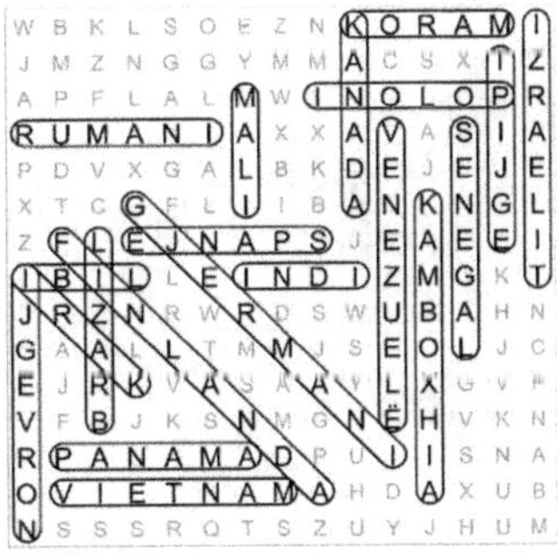

81 - Geometria

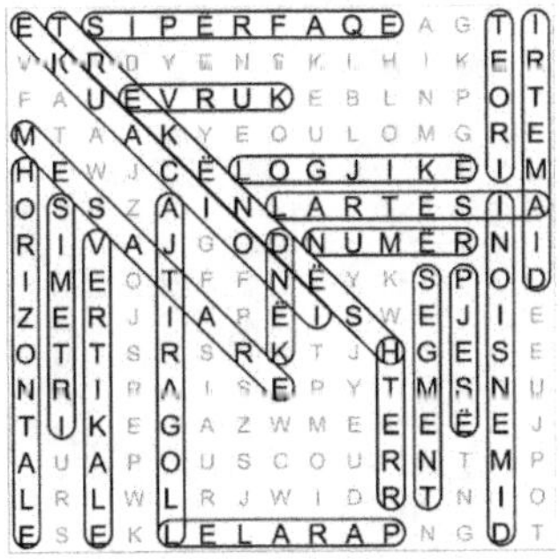

82 - Foresta Pluviale

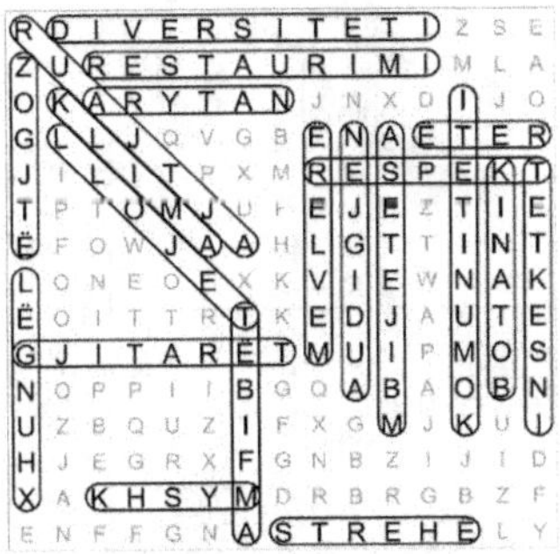

83 - Edifici

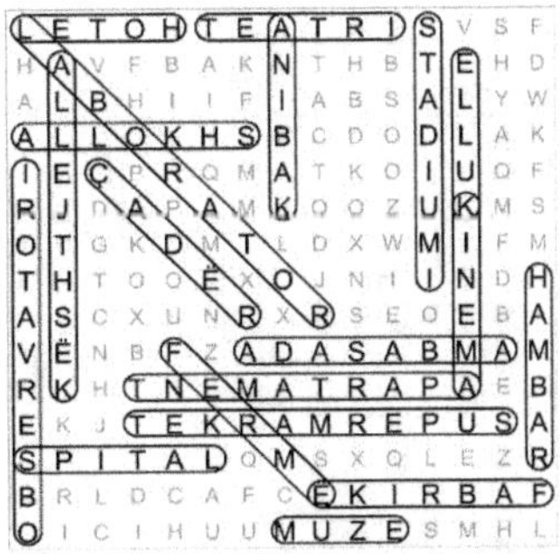

84 - Malattia

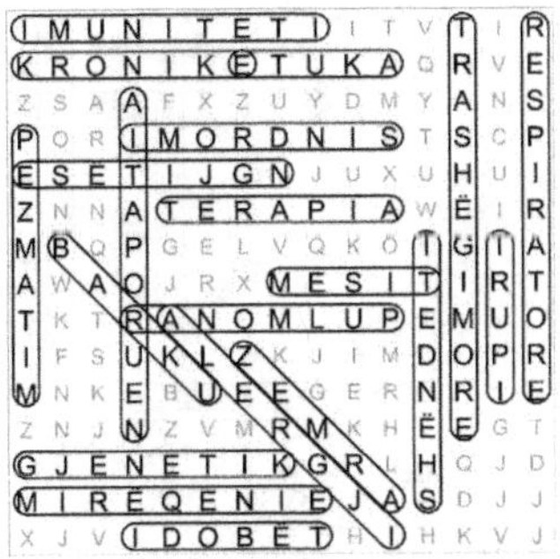

85 - Paesi #2

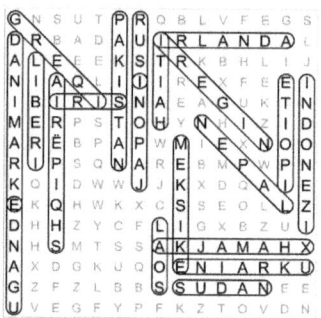

86 - Tipi di Capelli

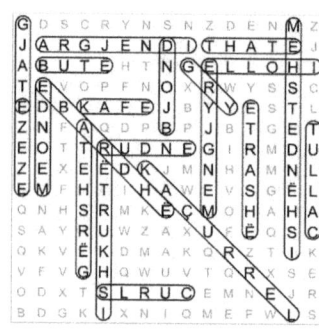

87 - Vestiti

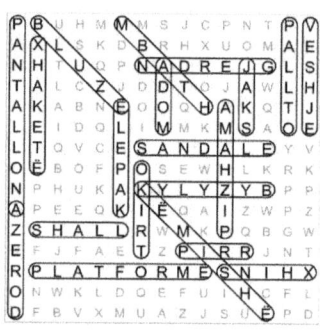

88 - Attività e Tempo Libero

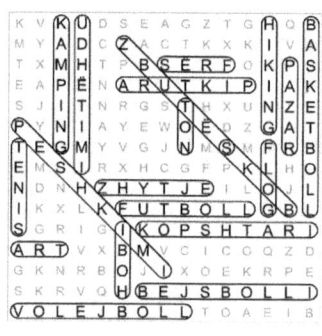

89 - Arte

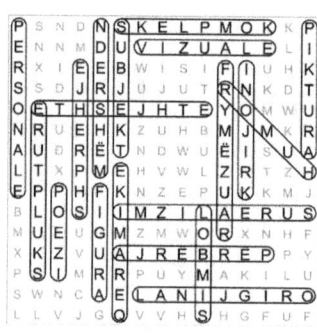

90 - Meteo

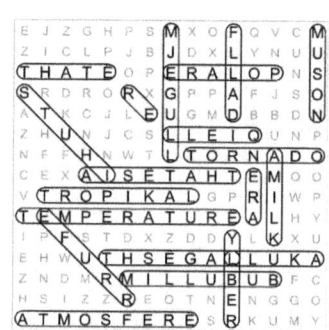

91 - Corpo Umano

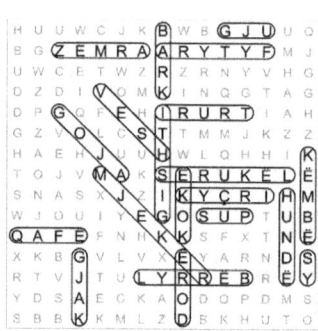

92 - Mammiferi

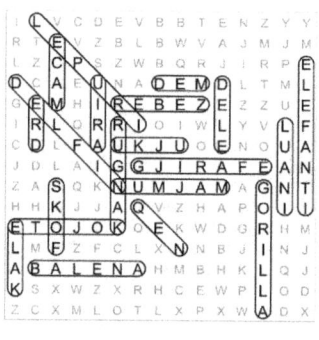

93 - Giardinaggio

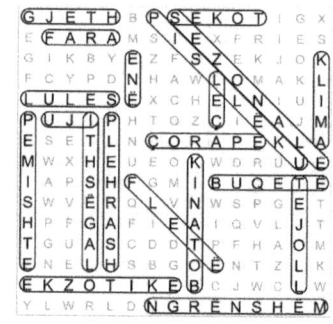

94 - Universo

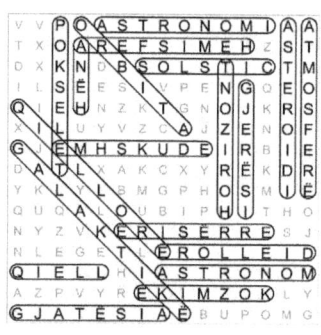

95 - Jazz

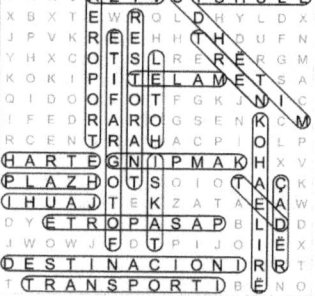

96 - Vacanze #2

97 - Attività

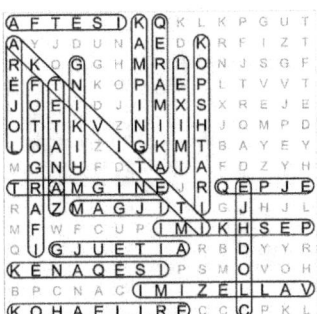

98 - Diplomazia

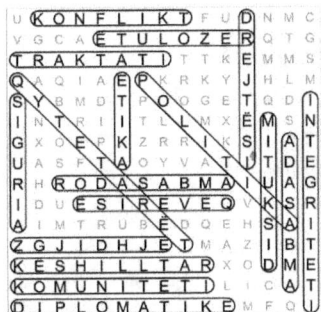

99 - Forniture Artistiche

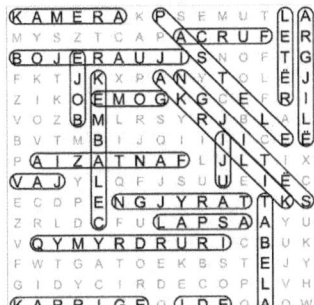

100 - Misurazioni

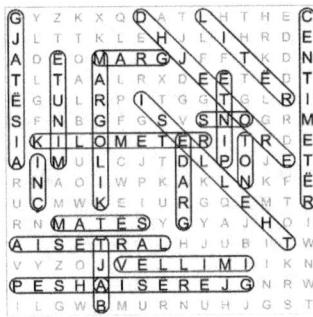

Dizionario

Acqua
Uji

Alluvione	Përmbytje
Canale	Kanal
Doccia	Dush
Evaporazione	Avullimi
Fiume	Lumi
Flusso	Lumë
Gelo	Acar
Geyser	Geyzer
Ghiaccio	Akull
Irrigazione	Ujitje
Lago	Liqeni
Monsone	Muson
Neve	Borë
Oceano	Oqean
Onde	Valët
Pioggia	Shi
Potabile	Pijshëm
Umidità	Lagështi
Uragano	Stuhi
Vapore	Avull

Aeroplani
Aeroplanët

Altezza	Lartësia
Altitudine	Lartësi
Aria	Ajri
Atmosfera	Atmosferë
Atterraggio	Ulje
Avventura	Aventurë
Carburante	Karburant
Cielo	Qiell
Costruzione	Ndërtimi
Design	Dizajni
Direzione	Drejtim
Discesa	Zbritje
Equipaggio	Ekuipazhi
Idrogeno	Hidrogjen
Motore	Motor
Palloncino	Tullumbace
Passeggero	Pasagjer
Pilota	Pilot
Storia	Histori
Turbolenza	Turbullira

Aggettivi #1
Mbiemrat #1

Ambizioso	Ambicioze
Aromatico	Aromatike
Artistico	Artistike
Assoluto	Absolute
Attivo	Aktiv
Enorme	I Madh
Esotico	Ekzotike
Generoso	Bujar
Giovane	I Ri
Grande	E Madhe
Identico	Identike
Importante	E Rëndësishme
Lento	Ngathët
Lungo	Gjatë
Moderno	Moderne
Onesto	Ndershëm
Perfetto	Perfekt
Pesante	E Rëndë
Prezioso	Me Vlerë
Sottile	I Hollë

Aggettivi #2
Mbiemrat #2

Affamato	Uri
Asciutto	Thatë
Autentico	Autentike
Creativo	Krijues
Descrittivo	Përshkrues
Dolce	E Ëmbël
Drammatico	Dramatike
Elegante	Elegante
Famoso	I Famshëm
Forte	I Fortë
Interessante	Interesante
Naturale	Natyrore
Normale	Normale
Nuovo	I Ri
Orgoglioso	Krenar
Produttivo	Produktive
Puro	I Pastër
Responsabile	Përgjegjës
Salato	E Kripur
Sano	I Shëndetshëm

Agronomia
Agronomia

Acqua	Uji
Agricoltura	Bujqësia
Ambiente	Mjedis
Cibo	Ushqim
Crescita	Rritja
Ecologia	Ekologjia
Energia	Energji
Erosione	Erozioni
Fertilizzante	Pleh
Identificazione	Identifikimi
Inquinamento	Ndotja
Malattie	Sëmundjet
Organico	Organike
Produzione	Prodhimi
Ricerca	Kërkime
Rurale	Rurale
Scienza	Shkenca
Semi	Fara
Sistemi	Sistemet
Suolo	Tokës

Algebra
Algjebra

Diagramma	Diagramë
Divisione	Divizioni
Equazione	Ekuacioni
Esponente	Eksponent
Falso	I Rremë
Fattore	Faktori
Formula	Formulë
Frazione	Thyesë
Grafico	Grafik
Infinito	Pafund
Lineare	Lineare
Matrice	Matricë
Numero	Numër
Parentesi	Kllapa
Problema	Problem
Semplificare	Thjeshtoj
Soluzione	Zgjidhje
Sottrazione	Zbritja
Variabile	Variabël
Zero	Zero

Antartide
Antarktidë

Acqua	Uji
Ambiente	Mjedis
Baia	Gji
Balene	Balenat
Conservazione	Ruajtje
Continente	Kontinent
Geografia	Gjeografi
Ghiacciai	Akullnajat
Ghiaccio	Akull
Isole	Ishujt
Migrazione	Migrimi
Minerali	Mineralet
Nuvole	Retë
Penisola	Gadishull
Ricercatore	Studiues
Roccioso	Roki
Scientifico	Shkencore
Spedizione	Ekspeditë
Temperatura	Temperatura
Topografia	Topografia

Antiquariato
Antike

Arte	Art
Asta	Ankand
Autentico	Autentike
Condizione	Gjendja
Decenni	Dekada
Decorativo	Dekorative
Elegante	Elegante
Galleria	Galeri
Insolito	E Pazakontë
Investimento	Investim
Mobilio	Mobilje
Monete	Monedha
Prezzo	Çmimi
Qualità	Cilësia
Restauro	Restaurimi
Scultura	Skulpturë
Secolo	Shekulli
Stile	Stili
Valore	Vlera
Vecchio	I Vjetër

Api
Bletët

Ali	Krahë
Alveare	Koshere
Benefico	I Dobishëm
Cera	Dylli
Cibo	Ushqim
Diversità	Diversiteti
Ecosistema	Ekosistemi
Fiori	Lule
Fiorire	Çel
Frutta	Fruta
Fumo	Tym
Giardino	Kopsht
Habitat	Habitat
Insetto	Insekt
Miele	Mjaltë
Piante	Bimët
Polline	Polen
Regina	Mbretëresha
Sciame	Muzi
Sole	Diell

Archeologia
Arkeologjia

Analisi	Analiza
Antichità	Lashtësia
Ceramica	Qeramikë
Civiltà	Qytetërimi
Dimenticato	Harruar
Discendente	Pasardhës
Era	Epokë
Esperto	Ekspert
Fossile	Fosile
Mistero	Mister
Oggetti	Objekte
Ossa	Kockat
Professore	Profesor
Reliquia	Relike
Ricercatore	Studiues
Sconosciuto	Panjohur
Squadra	Ekipi
Tempio	Tempull
Tomba	Varri
Valutazione	Vlerësimi

Arte
Art

Ceramica	Qeramike
Complesso	Kompleks
Composizione	Përbërja
Creare	Krijoni
Dipinti	Piktura
Espressione	Shprehje
Figura	Figura
Ispirato	Frymëzuar
Onesto	Ndershëm
Originale	Origjinal
Personale	Personale
Poesia	Poezi
Ritrarre	Portretizojnë
Scultura	Skulpturë
Semplice	E Thjeshtë
Simbolo	Simbol
Soggetto	Subjekt
Surrealismo	Surealizmi
Umore	Humor
Visivo	Vizuale

Arti Visive
Artet Pamore

Architettura	Arkitekturë
Argilla	Balta
Artista	Artist
Capolavoro	Kryevepër
Carbone	Qymyr Druri
Cavalletto	Këmbalec
Cera	Dylli
Ceramica	Qeramikë
Composizione	Përbërja
Creatività	Krijimtari
Film	Film
Fotografia	Fotografi
Gesso	Shkumës
Matita	Laps
Penna	Stilolaps
Prospettiva	Perspektivë
Ritratto	Portret
Scultura	Skulpturë
Stampino	Klishe
Vernice	Llak

Astronomia
Astronomi

Asteroide	Asteroidi
Astronauta	Astronaut
Astronomo	Astronom
Cielo	Qiell
Cosmo	Kozmosi
Costellazione	Plojësi
Equinozio	Ekuinoksi
Galassia	Galaktikë
Gravità	Graviteti
Luna	Hëna
Meteora	Meteor
Nebulosa	Mjegullnaja
Osservatorio	Observatori
Pianeta	Planet
Radiazione	Rrezatimi
Razzo	Raketë
Supernova	Supernova
Telescopio	Teleskop
Terra	Toka
Universo	Gjithësi

Attività
Aktivitetet

Abilità	Aftësi
Arte	Art
Artigianato	Zanatet
Attività	Aktiviteti
Caccia	Gjuetia
Campeggio	Kamping
Ceramica	Qeramika
Cucire	Qepje
Danza	Vallëzimi
Escursioni	Hiking
Fotografia	Fotografi
Giardinaggio	Kopshtari
Giochi	Lojëra
Lettura	Leximi
Magia	Magji
Pesca	Peshkimi
Piacere	Kënaqësi
Puzzle	Enigma
Rilassamento	Çlodhje
Tempo Libero	Koha e Lirë

Attività Commerciale
Biznesit

Bilancio	Buxhet
Carriera	Karrierë
Costo	Kosto
Datore di Lavoro	Punëdhënësi
Dipendente	Punonjës
Economia	Ekonomi
Fabbrica	Fabrikë
Finanza	Financa
Investimento	Investim
Merce	Mallin
Negozio	Dyqan
Profitto	Fitimi
Reddito	Të Ardhura
Sconto	Zbritje
Società	Kompani
Soldi	Paratë
Transazione	Transaksion
Ufficio	Zyrë
Valuta	Valuta
Vendita	Shitje

Attività e Tempo Libero
Aktivitetet dhe Koha e L

Arte	Art
Baseball	Bejsbolli
Basket	Basketboll
Boxe	Boks
Calcio	Futboll
Campeggio	Kamping
Escursioni	Hiking
Giardinaggio	Kopshtari
Golf	Golf
Hobby	Hobi
Immersione	Zhytje
Nuoto	Not
Pallavolo	Volejboll
Pesca	Peshkimi
Pittura	Piktura
Rilassante	Zbutës
Shopping	Pazar
Surf	Sërf
Tennis	Tenis
Viaggio	Udhëtimi

Avventura
Aventurë

Amici	Miq
Attività	Aktiviteti
Bellezza	Bukuri
Coraggio	Trimëri
Destinazione	Destinacioni
Difficoltà	Vështirësi
Entusiasmo	Entuziazmi
Escursione	Ekskursion
Gioia	Gëzim
Insolito	E Pazakontë
Itinerario	Itinerari
Natura	Natyra
Navigazione	Navigacion
Nuovo	I Ri
Opportunità	Mundësi
Pericoloso	E Rrezikshme
Preparazione	Përgatitja
Sfide	Sfidat
Sicurezza	Siguria
Viaggi	Udhëtimet

Balletto
Baletit

Abilità	Aftësi
Applauso	Duartrokitje
Artistico	Artistike
Ballerina	Balerina
Ballerini	Kërcimtarë
Compositore	Kompozitor
Coreografia	Koreografi
Espressivo	Shprehëse
Gesto	Gjest
Grazioso	Këndshëm
Intensità	Intensiteti
Muscoli	Muskujt
Musica	Muzika
Orchestra	Orkestër
Pratica	Praktikë
Prova	Prova
Pubblico	Audiencë
Ritmo	Ritëm
Stile	Stili
Tecnica	Teknikë

Barbecue
Barbekju

Caldo	Nxehtë
Cena	Darka
Cibo	Ushqim
Cipolle	Qepë
Coltelli	Thika
Estate	Verë
Fame	Uria
Famiglia	Familje
Frutta	Fruta
Giochi	Lojëra
Griglia	Vuaj
Insalate	Sallata
Invito	Ftesë
Musica	Muzika
Pepe	Piper
Pollo	Pulë
Pomodori	Domate
Pranzo	Drekë
Sale	Kripë
Salsa	Salcë

Biologia
Biologjia

Anatomia	Anatomia
Batteri	Bakteret
Cellula	Qeli
Collagene	Kolazhn
Cromosoma	Kromozom
Embrione	Embrioni
Enzima	Enzimë
Evoluzione	Evolucioni
Fotosintesi	Fotosinteza
Mammifero	Gjitar
Mutazione	Mutacion
Naturale	Natyrore
Nervo	Nervor
Neurone	Neuron
Ormone	Hormon
Osmosi	Osmozë
Proteina	Proteina
Rettile	Zvarranik
Simbiosi	Simbiozë
Sinapsi	Sinapsi

Campeggio
Kampingu

Alberi	Pemët
Amaca	Hamak
Animali	Kafshët
Avventura	Aventurë
Bussola	Busull
Cabina	Kabina
Caccia	Gjuetia
Canoa	Kanoe
Cappello	Kapelë
Corda	Litar
Divertimento	Argëtim
Foresta	Pyll
Fuoco	Zjarr
Insetto	Insekt
Lago	Liqeni
Luna	Hëna
Mappa	Hartë
Montagna	Mal
Natura	Natyra
Tenda	Çadër

Casa
Shtëpia

Attico	Papafingo
Biblioteca	Librari
Camera	Dhomë
Camino	Oxhak
Cucina	Kuzhina
Doccia	Dush
Finestra	Dritare
Garage	Garazh
Giardino	Kopsht
Lampada	Llambë
Parete	Mur
Pavimento	Kati
Porta	Dera
Recinto	Gardh
Rubinetto	Rubinet
Scopa	Fshesë
Soffitto	Tavan
Specchio	Pasqyrë
Tappeto	Qilim
Tetto	Çati

Chimica
Kimia

Acido	Acid
Alcalino	Alkaline
Atomico	Atomike
Calore	Nxehtësia
Carbonio	Karbon
Catalizzatore	Katalizator
Cloro	Klori
Elettrone	Elektron
Enzima	Enzimë
Gas	Gaz
Idrogeno	Hidrogjen
Ione	Jon
Liquido	Lëng
Molecola	Molekula
Nucleare	Bërthamore
Organico	Organike
Ossigeno	Oksigjen
Peso	Pesha
Sale	Kripë
Temperatura	Temperatura

Cibo #1
Ushqimi Numër 1

Aglio	Hudhër
Basilico	Borzilok
Cannella	Kanellë
Carne	Mish
Carota	Karrota
Cipolla	Qepë
Fragola	Luleshtrydhe
Insalata	Sallatë
Latte	Qumësht
Limone	Limon
Menta	Nenexhik
Orzo	Elb
Pera	Dardhë
Rapa	Rrepë
Sale	Kripë
Spinaci	Spinaq
Succo	Lëng
Tonno	Tuna
Torta	Tortë
Zucchero	Sheqer

Cibo #2
Ushqimi Numër 2

Banana	Banane
Broccolo	Brokoli
Ciliegia	Qershi
Cioccolato	Çokollatë
Formaggio	Djathë
Fungo	Kërpudha
Grano	Gruri
Kiwi	Kivi
Mela	Mollë
Melanzana	Patëllxhan
Pane	Bukë
Pesce	Peshk
Pollo	Pulë
Pomodoro	Domate
Prosciutto	Proshutë
Riso	Oriz
Sedano	Selino
Uovo	Vezë
Uva	Rrushit
Yogurt	Kos

Cioccolato
Çokollatë

Amaro	E Hidhur
Antiossidante	Antioksidues
Arachidi	Kikirikët
Brama	Mall
Cacao	Kakao
Calorie	Kaloritë
Caramella	Karamele
Caramello	Karamel
Delizioso	E Shijshme
Dolce	E Ëmbël
Esotico	Ekzotike
Gusto	Shije
Gusto	Aromë
Ingrediente	Përbërës
Noce di Cocco	Kokosi
Polvere	Pluhur
Preferito	E Preferuara
Qualità	Cilësia
Ricetta	Receta
Zucchero	Sheqer

Città
Qyteti

Aeroporto	Aeroport
Banca	Bankë
Biblioteca	Librari
Cinema	Kinema
Clinica	Klinika
Farmacia	Farmaci
Fiorista	Luleshitës
Galleria	Galeri
Hotel	Hotel
Mercato	Tregu
Museo	Muze
Negozio	Dyqan
Panetteria	Furke
Ristorante	Restorant
Salone	Sallon
Scuola	Shkolla
Stadio	Stadiumi
Supermercato	Supermarket
Teatro	Teatri
Università	Universiteti

Corpo Umano
Trupi i Njeriut

Bocca	Goja
Caviglia	Kyçri
Cervello	Truri
Collo	Qafë
Cuore	Zemra
Dito	Gishti
Faccia	Fytyra
Gamba	Këmbë
Ginocchio	Gju
Gomito	Bërryl
Mano	Dorë
Mento	Mjekër
Naso	Hundë
Occhio	Sy
Orecchio	Vesh
Pelle	Lëkurës
Sangue	Gjak
Spalla	Sup
Stomaco	Bark
Testa	Kokë

Creatività
Kreativiteti

Abilità	Aftësi
Artistico	Artistike
Autenticità	Autenticiteti
Chiarezza	Qartësi
Drammatico	Dramatike
Emozioni	Emocionet
Espressione	Shprehje
Idee	Ide
Immaginazione	Imagjinatë
Immagine	Imazhi
Impressione	Përshtypje
Intensità	Intensiteti
Intuizione	Intuitë
Inventivo	Krijues
Ispirazione	Frymëzim
Sensazione	Ndjesi
Sentimenti	Ndjenjat
Spontaneo	Spontane
Visioni	Vizionet
Vitalità	Vitaliteti

Diplomazia
Diplomacia

Ambasciata	Ambasada
Ambasciatore	Ambasador
Cittadini	Qytetarët
Civico	Qytetare
Comunità	Komuniteti
Conflitto	Konflikt
Consigliere	Këshilltar
Cooperazione	Bashkëpunimi
Diplomatico	Diplomatike
Discussione	Diskutim
Etica	Etika
Giustizia	Drejtësi
Governo	Qeverisë
Integrità	Integriteti
Politica	Politika
Risoluzione	Rezolutë
Sicurezza	Siguria
Soluzione	Zgjidhje
Trattato	Traktati
Umanitario	Humanitar

Discipline Scientifiche
Disiplinat Shkencore

Anatomia	Anatomia
Archeologia	Arkeologjia
Astronomia	Astronomi
Biochimica	Biokimi
Biologia	Biologji
Botanica	Botanikë
Chimica	Kimia
Ecologia	Ekologjia
Fisiologia	Fiziologji
Geologia	Gjeologjia
Immunologia	Imunologji
Linguistica	Gjuhësi
Meccanica	Mekanika
Meteorologia	Meteorologji
Mineralogia	Mineralogjia
Neurologia	Neurologji
Psicologia	Psikologji
Sociologia	Sociologji
Termodinamica	Termodinamika
Zoologia	Zoologji

Edifici
Ndërtesat

Ambasciata	Ambasada
Appartamento	Apartament
Cabina	Kabina
Castello	Kështjella
Cinema	Kinema
Fabbrica	Fabrikë
Fattoria	Fermë
Fienile	Hambar
Hotel	Hotel
Laboratorio	Laborator
Museo	Muze
Ospedale	Spital
Osservatorio	Observatori
Scuola	Shkolla
Stadio	Stadiumi
Supermercato	Supermarket
Teatro	Teatri
Tenda	Çadër
Torre	Kullë
Università	Universiteti

Energia
Energjisë

Ambiente	Mjedis
Batteria	Bateri
Benzina	Benzinë
Calore	Nxehtësia
Carbonio	Karbon
Carburante	Karburant
Diesel	Naftë
Elettrico	Elektrike
Elettrone	Elektron
Entropia	Entropia
Fotone	Foton
Idrogeno	Hidrogjen
Industria	Industria
Inquinamento	Ndotja
Motore	Motor
Nucleare	Bërthamore
Rinnovabile	Rinovueshme
Turbina	Turbinë
Vapore	Avull
Vento	Era

Erboristeria
Herbalizëm

Aglio	Hudhër
Aromatico	Aromatike
Coriandolo	Koriandër
Culinario	Kulinari
Dragoncello	Dragua
Finocchio	Kopër
Fiore	Lule
Giardino	Kopsht
Ingrediente	Përbërës
Lavanda	Livando
Maggiorana	Borzilok
Menta	Nenexhik
Origano	Rigon
Pianta	Bimë
Prezzemolo	Majdanoz
Qualità	Cilësia
Rosmarino	Rozmarinë
Timo	Trumzë
Verde	E Gjelbër
Zafferano	Shafran

Escursionismo
Ecje

Acqua	Uji
Animali	Kafshët
Campeggio	Kamping
Clima	Klima
Guide	Udhëzues
Mappa	Hartë
Montagna	Mal
Natura	Natyra
Orientamento	Orientim
Parchi	Parqet
Pericoli	Rreziqet
Pesante	E Rëndë
Pietre	Gurë
Preparazione	Përgatitja
Scogliera	Shkëmb
Selvaggio	I Egër
Sole	Diell
Stanco	Të Lodhur
Stivali	Çizme
Vertice	Samiti

Etica
Etika

Altruismo	Altruizmi
Benevolo	Dashamirës
Compassione	Dhembshuri
Cooperazione	Bashkëpunimi
Dignità	Dinjitet
Diplomatico	Diplomatike
Filosofia	Filozofi
Gentilezza	Mirësi
Integrità	Integriteti
Onestà	Ndershmëria
Ottimismo	Optimizëm
Pazienza	Durim
Ragionevole	E Arsyeshme
Razionalità	Racionaliteti
Realismo	Realizmi
Rispettoso	Respektueshëm
Saggezza	Urtësi
Tolleranza	Tolerancë
Umanità	Njerëzimi
Valori	Vlerat

Famiglia
Familja

Antenato	Paraardhës
Bambino	Fëmijë
Cugino	Kushëri
Figlia	Vajzë
Fratello	Vëlla
Infanzia	Fëmijëria
Madre	Nëna
Marito	Burri
Materno	Nënës
Moglie	Gruaja
Nipote	Nipi
Nipote	Mbesë
Nipote	Nipi
Nonna	Gjyshja
Nonno	Gjyshi
Padre	Baba
Paterno	Atërore
Sorella	Motër
Zia	Hallë
Zio	Xhaxhai

Fantascienza
Fiction Shkencor

Atomico	Atomike
Cinema	Kinema
Distopia	Distopia
Esplosione	Shpërthim
Estremo	Ekstrem
Fantastico	Fantastik
Fuoco	Zjarr
Futuristico	Futurist
Galassia	Galaktikë
Illusione	Iluzion
Immaginario	Imagjinare
Libri	Libra
Misterioso	Misterioze
Mondo	Botë
Oracolo	Orakulli
Pianeta	Planet
Realistico	Realiste
Robot	Robotët
Tecnologia	Teknologji
Utopia	Utopi

Fattoria #1
Ferma Numër 1

Acqua	Uji
Agricoltura	Bujqësia
Ape	Bletë
Asino	Gomar
Campo	Fusha
Cane	Qen
Capra	Dhi
Cavallo	Kalë
Fertilizzante	Pleh
Fieno	Sanë
Gatto	Mace
Gregge	Kope
Maiale	Derr
Miele	Mjaltë
Mucca	Lopë
Pollo	Pulë
Recinto	Gardh
Riso	Oriz
Semi	Fara
Vitello	Viç

Fattoria #2
Ferma Numër 2

Agnello	Qengj
Agricoltore	Fermer
Anatra	Rosa
Animali	Kafshët
Cibo	Ushqim
Fienile	Hambar
Frutta	Fruta
Frutteto	Pemishte
Grano	Gruri
Irrigazione	Ujitje
Lama	Llama
Latte	Qumësht
Mais	Misri
Maturo	Pjekur
Oche	Patat
Orzo	Elb
Pastore	Bariu
Pecora	Dele
Prato	Livadh
Trattore	Traktor

Filantropia
Filantropisë

Bambini	Fëmijë
Bisogno	Nevoja
Carità	Bamirësi
Comunità	Komuniteti
Contatti	Kontaktet
Finanza	Financa
Fondi	Fondet
Generosità	Bujari
Gioventù	Rinia
Globale	Globale
Gruppi	Grupet
Missione	Misioni
Obiettivi	Gola
Onestà	Ndershmëria
Persone	Njerëzit
Programmi	Programet
Pubblico	Publik
Sfide	Sfidat
Storia	Histori
Umanità	Njerëzimi

Fiori
Lule

Gardenia	Gardenia
Gelsomino	Jasemini
Giglio	Zambak
Girasole	Luledielli
Ibisco	Hibiscus
Lavanda	Livando
Lilla	Jargavan
Magnolia	Magnolia
Margherita	Daisy
Mazzo	Buqetë
Narciso	Daffodil
Orchidea	Orkide
Papavero	Lulëkuqe
Passiflora	Lule Pasioni
Peonia	Bozhure
Petalo	Petal
Plumeria	Plumeria
Rosa	Trëndafil
Trifoglio	Tërfili
Tulipano	Tulep

Fisica
Fizikë

Accelerazione	Përshpejtimi
Atomo	Atom
Caos	Kaos
Chimico	Kimike
Densità	Dendësia
Elettrone	Elektron
Espansione	Zgjerimi
Formula	Formulë
Frequenza	Frekuenca
Gas	Gaz
Gravità	Graviteti
Magnetismo	Magnetizmi
Meccanica	Mekanika
Molecola	Molekula
Motore	Motor
Nucleare	Bërthamore
Particella	Grimcë
Relatività	Relativiteti
Universale	Universale
Velocità	Shpejtësia

Foresta Pluviale
Pyjet e Shiut

Anfibi	Amfibët
Botanico	Botanik
Clima	Klima
Comunità	Komuniteti
Diversità	Diversiteti
Giungla	Xhungël
Indigeno	Audigjen
Insetti	Insektet
Mammiferi	Gjitarët
Muschio	Myshk
Natura	Natyra
Nuvole	Retë
Preservazione	Ruajtja
Prezioso	Me Vlerë
Restauro	Restaurimi
Rifugio	Strehë
Rispetto	Respekt
Sopravvivenza	Mbijetesa
Specie	Llojet
Uccelli	Zogjtë

Forme
Format

Angolo	Qoshe
Arco	Hark
Bordi	Skajet
Cerchio	Rreth
Cilindro	Cilindri
Cono	Kon
Cubo	Kube
Curva	Kurve
Ellisse	Elips
Iperbole	Hiperbola
Lato	Anë
Linea	Linjë
Ovale	Ovale
Piramide	Piramida
Poligono	Poligoni
Prisma	Prizëm
Quadrato	Sheshi
Rettangolo	Drejtkëndësh
Sfera	Sferë
Triangolo	Trekëndësh

Forniture Artistiche
Furnizimet e Artit

Acqua	Uji
Acquerelli	Bojëra Uji
Acrilico	Akrilik
Argilla	Argjilë
Carbone	Qymyr Druri
Carta	Letër
Cavalletto	Këmbalec
Colla	Ngjitës
Colori	Ngjyrat
Creatività	Fantazia
Gomma	Gomë
Idee	Ide
Inchiostro	Bojë
Matite	Lapsa
Olio	Vaj
Pastelli	Pastele
Sedia	Karrige
Spazzole	Furca
Tavolo	Tabela
Telecamera	Kamera

Forza e Gravità
Forca dhe Graviteti

Asse	Aksi
Attrito	Fërkimi
Centro	Qendra
Dinamico	Dinamike
Distanza	Distancë
Espansione	Zgjerimi
Fisica	Fizika
Impatto	Ndikimi
Magnetismo	Magnetizmi
Meccanica	Mekanika
Movimento	Lëvizje
Orbita	Orbita
Peso	Pesha
Pianeti	Planetet
Pressione	Presioni
Proprietà	Vetitë
Scoperta	Zbulimi
Tempo	Koha
Universale	Universale
Velocità	Shpejtësi

Frutta
Fruta

Albicocca	Kajsi
Ananas	Ananas
Arancia	Portokalli
Avocado	Avokado
Banana	Banane
Ciliegia	Qershi
Fico	Fig
Kiwi	Kivi
Lampone	Mjedër
Limone	Limon
Mango	Mango
Mela	Mollë
Melone	Pjepër
Mora	Ferrë
Nettarina	Nektarinë
Papaia	Papaja
Pera	Dardhë
Pesca	Pjeshkë
Prugna	Kumbull
Uva	Rrushit

Geografia
Gjeografia

Italiano	Shqip
Altitudine	Lartësi
Atlante	Atlas
Città	Qytet
Continente	Kontinent
Emisfero	Hemisfera
Fiume	Lumi
Isola	Ishull
Latitudine	Gjerësi
Longitudine	Gjatësia
Mappa	Hartë
Mare	Det
Meridiano	Meridian
Mondo	Botë
Montagna	Mal
Nord	Veri
Ovest	Perëndim
Paese	Vendi
Regione	Rajon
Sud	Jug
Territorio	Territori

Geologia
Gjeologjia

Italiano	Shqip
Acido	Acid
Altopiano	Pllajë
Calcio	Kalcium
Caverna	Shpellë
Continente	Kontinent
Corallo	Koral
Cristalli	Kristale
Erosione	Erozioni
Fossile	Fosile
Geyser	Gejzer
Lava	Lava
Minerali	Mineralet
Pietra	Gur
Quarzo	Kuarc
Sale	Kripë
Stalagmiti	Stalagmitet
Stalattite	Stalaktit
Strato	Shtresë
Terremoto	Tërmet
Vulcano	Vullkan

Geometria
Gjeometria

Italiano	Shqip
Altezza	Lartësia
Angolo	Kënd
Calcolo	Llogaritja
Cerchio	Rreth
Curva	Kurve
Diametro	Diametri
Dimensione	Dimensioni
Equazione	Ekuacioni
Logica	Logjikë
Mediano	Mesatare
Numero	Numër
Orizzontale	Horizontale
Parallelo	Paralel
Proporzione	Pjesë
Segmento	Segment
Simmetria	Simetri
Superficie	Sipërfaqe
Teoria	Teori
Triangolo	Trekëndësh
Verticale	Vertikale

Giardinaggio
Kopshtarisë

Italiano	Shqip
Acqua	Uji
Botanico	Botanik
Clima	Klima
Commestibile	Ngrënshëm
Compost	Plehrash
Contenitore	Enë
Esotico	Ekzotike
Fiorire	Çel
Floreale	Lules
Foglia	Fletë
Fogliame	Gjeth
Frutteto	Pemishte
Mazzo	Buqetë
Semi	Fara
Specie	Llojet
Sporco	Pisllëku
Stagionale	Sezonale
Suolo	Tokës
Tubo	Çorape
Umidità	Lagështi

Giardino
Kopshti

Italiano	Shqip
Albero	Pemë
Amaca	Hamak
Cespuglio	Bush
Erba	Bari
Fiore	Lule
Frutteto	Pemishte
Garage	Garazh
Giardino	Kopsht
Pala	Lopatë
Panca	Stol
Portico	Verandë
Prato	Lëndinë
Rastrello	Grabujë
Recinto	Gardh
Stagno	Pellg
Suolo	Tokës
Terrazza	Tarracë
Trampolino	Trampolinë
Tubo	Çorape
Vite	Hardhisë

Giorni e Mesi
Ditët dhe Muajt

Italiano	Shqip
Agosto	Gusht
Anno	Viti
Aprile	Prill
Calendario	Kalendar
Dicembre	Dhjetor
Domenica	E Diel
Febbraio	Shkurt
Gennaio	Janar
Giugno	Qershor
Luglio	Korrik
Lunedì	E Hënë
Martedì	E Martë
Mercoledì	E Mërkurë
Mese	Muaj
Novembre	Nëntor
Ottobre	Tetor
Sabato	E Shtunë
Settembre	Shtator
Settimana	Java
Venerdì	E Premte

Governo
Qeverisë

Capo	Udhëheqës
Cittadinanza	Qytetari
Civile	Civile
Costituzione	Kushtetuta
Democrazia	Demokraci
Discorso	Të Folurit
Discussione	Diskutim
Giudiziario	Gjyqësor
Giustizia	Drejtësi
Indipendenza	Pavarësia
Legale	Ligjore
Legge	Ligji
Libertà	Liri
Monumento	Monument
Nazionale	Kombëtare
Nazione	Kombi
Politica	Politika
Simbolo	Simbol
Stato	Shteti
Uguaglianza	Barazi

Guida
Ngasja

Attenzione	Kujdes
Auto	Makina
Autobus	Autobus
Carburante	Karburant
Freni	Frenat
Garage	Garazh
Gas	Gaz
Incidente	Aksident
Licenza	Liçensë
Mappa	Hartë
Moto	Motor
Pedonale	Këmbësor
Pericolo	Rrezik
Polizia	Policia
Sicurezza	Siguria
Strada	Rrugë
Traffico	Trafiku
Trasporto	Transporti
Tunnel	Tunel
Velocità	Shpejtësi

I Media
Mediat

Commerciale	Tregti
Comunicazione	Komunikimi
Digitale	Dixhital
Edizione	Botim
Educazione	Arsimi
Fatti	Fakte
Finanziamento	Financimi
Foto	Fotografitë
Giornali	Gazetat
Individuale	Individual
Industria	Industria
Intellettuale	Intelektuale
Locale	Lokal
Online	Online
Opinione	Opinion
Pubblicità	Reklama
Pubblico	Publik
Radio	Radio
Rete	Rrjeti
Televisione	Televizion

Imbarcazioni
Varkat

Albero	Direk
Ancora	Spirancë
Barca a Vela	Varkë me Vela
Boa	Vozë mbi Ujë
Canoa	Kanoe
Corda	Litar
Equipaggio	Ekuipazhi
Fiume	Lumi
Kayak	Kajak
Lago	Liqeni
Mare	Det
Marea	Baticë
Marinaio	Marinar
Motore	Motor
Nautico	Detare
Oceano	Oqean
Onde	Valët
Traghetto	Traget
Yacht	Jaht
Zattera	Raft

Ingegneria
Inxhinieri

Angolo	Kënd
Asse	Aksi
Calcolo	Llogaritja
Costruzione	Ndërtimi
Diagramma	Diagramë
Diametro	Diametri
Diesel	Naftë
Distribuzione	Shpërndarje
Energia	Energji
Forza	Forcë
Ingranaggi	Ingranazhet
Liquido	Lëng
Macchina	Makinë
Misurazione	Matja
Motore	Motor
Profondità	Thellësi
Propulsione	Shtesje
Rotazione	Rrotullimi
Stabilità	Stabiliteti
Struttura	Struktura

Insetti
Insektet

Afide	Aphid
Ape	Bletë
Calabrone	Brëzi
Cavalletta	Karkalec
Cicala	Cicada
Coccinella	Ladybug
Coleottero	Brumbulli
Falena	Molë
Farfalla	Flutur
Formica	Milingonë
Larva	Larva
Libellula	Pilivesë
Locusta	Karkaleci
Mantide	Mantis
Pulce	Plesht
Scarafaggio	Kacabu
Termite	Termit
Verme	Krimbi
Vespa	Grenzë
Zanzara	Mushkonjë

Jazz
Xhaz

Album	Album
Applauso	Duartrokitje
Artista	Artist
Batteria	Bateri
Canzone	Këngë
Compositore	Kompozitor
Composizione	Përbërja
Concerto	Koncert
Enfasi	Theksi
Famoso	I Famshëm
Genere	Zhanër
Improvvisazione	Improvizim
Musica	Muzika
Nuovo	I Ri
Orchestra	Orkestër
Ritmo	Ritëm
Stile	Stili
Talento	Talent
Tecnica	Teknikë
Vecchio	I Vjetër

L'Azienda
Kompania

Creativo	Krijues
Decisione	Vendim
Globale	Globale
Industria	Industria
Innovativo	Inovative
Investimento	Investim
Occupazione	Punësimi
Possibilità	Mundësi
Presentazione	Prezantim
Prodotto	Produkt
Professionale	Profesional
Progresso	Progres
Qualità	Cilësia
Reddito	Të Ardhurat
Reputazione	Reputacioni
Rischi	Rreziqet
Risorse	Burimet
Salari	Pagat
Tendenze	Trendet
Unità	Njësitë

Letteratura
Letërsia

Analisi	Analiza
Analogia	Analogjia
Aneddoto	Anekdotë
Autore	Autor
Biografia	Biografia
Conclusione	Përfundim
Confronto	Krahasim
Descrizione	Përshkrim
Dialogo	Dialogu
Genere	Zhanër
Metafora	Metafora
Opinione	Opinion
Poesia	Poemë
Poetico	Poetike
Rima	Rimë
Ritmo	Ritëm
Romanzo	Roman
Stile	Stili
Tema	Tema
Tragedia	Tragjedi

Libri
Librat

Autore	Autor
Avventura	Aventurë
Collezione	Mbledhja
Contesto	Kontekst
Dualità	Dualitet
Epico	Epikë
Inventivo	Krijues
Letterario	Letrare
Lettore	Lexues
Narratore	Narrator
Pagina	Faqe
Poesia	Poezi
Rilevante	Relevante
Romanzo	Roman
Scritto	Shkruar
Serie	Seri
Storia	Histori
Storico	Historike
Tragico	Tragjike
Umoristico	Humor

Malattia
Sëmundje

Acuto	Akute
Addominale	Barku
Allergie	Alergji
Benessere	Mirëqenie
Contagioso	Ngjitëse
Corpo	Trupi
Cronico	Kronike
Cuore	Zemra
Debole	I Dobët
Ereditario	Trashëgimore
Genetico	Gjenetik
Immunità	Imuniteti
Infiammazione	Pezmatim
Lombare	Mesit
Neuropatia	Neuropatia
Polmonare	Pulmonar
Respiratorio	Respiratore
Salute	Shëndeti
Sindrome	Sindromi
Terapia	Terapia

Mammiferi
Gjitarët

Balena	Balena
Cane	Qen
Canguro	Kangur
Cavallo	Kalë
Cervo	Dre
Coniglio	Lepuri
Coyote	Kojotë
Delfino	Delfin
Elefante	Elefanti
Gatto	Mace
Giraffa	Gjirafë
Gorilla	Gorilla
Leone	Luani
Lupo	Ujku
Orso	Ariu
Pecora	Dele
Scimmia	Majmun
Toro	Dem
Volpe	Foks
Zebra	Zebër

Matematica
Matematikë

Italiano	Shqip
Angoli	Këndet
Aritmetica	Aritmetikë
Circonferenza	Rrethenca
Decimale	Dhjetore
Diametro	Diametri
Divisione	Divizioni
Equazione	Ekuacioni
Esponente	Eksponent
Frazione	Thyesë
Geometria	Gjeometria
Parallelo	Paralel
Parallelogramma	Paralelogram
Perimetro	Perimetër
Poligono	Poligoni
Quadrato	Sheshi
Rettangolo	Drejtkëndësh
Simmetria	Simetri
Somma	Shumë
Triangolo	Trekëndësh
Volume	Vëllimi

Meditazione
Meditimi

Italiano	Shqip
Accettazione	Pranimi
Attenzione	Kujdes
Calma	Qetësi
Chiarezza	Qartësi
Compassione	Dhembshuri
Emozioni	Emocionet
Gentilezza	Mirësi
Gratitudine	Mirënjohje
Mentale	Mendore
Mente	Mendje
Movimento	Lëvizja
Musica	Muzika
Natura	Natyra
Osservazione	Vrojtim
Pace	Paqe
Pensieri	Mendime
Postura	Postura
Prospettiva	Perspektivë
Respirazione	Frymëmarrja
Silenzio	Heshtje

Meteo
Moti

Italiano	Shqip
Arcobaleno	Ylber
Asciutto	Thatë
Atmosfera	Atmosferë
Brezza	Fllad
Cielo	Qiell
Clima	Klima
Fulmine	Rrufe
Ghiaccio	Akull
Monsone	Muson
Nebbia	Mjegull
Nube	Re
Polare	Polare
Siccità	Thatësia
Temperatura	Temperaturë
Tempesta	Stuhi
Tornado	Tornado
Tropicale	Tropikal
Tuono	Bubullim
Umido	Lagësht
Vento	Era

Misurazioni
Matjet

Italiano	Shqip
Altezza	Lartësia
Byte	Bajt
Centimetro	Centimetër
Chilogrammo	Kilogram
Chilometro	Kilometër
Decimale	Dhjetore
Grado	Gradë
Grammo	Gram
Larghezza	Gjorësia
Litro	Litër
Lunghezza	Gjatësia
Metro	Matës
Minuto	Minutë
Oncia	Ons
Peso	Pesha
Pinta	Pintë
Pollice	Inç
Profondità	Thellësi
Tonnellata	Ton
Volume	Vëllimi

Mitologia
Mitologji

Italiano	Shqip
Archetipo	Arketipi
Comportamento	Sjellje
Creatura	Krijesa
Creazione	Krijim
Cultura	Kultura
Disastro	Fatkeqësi
Divinità	Hyjnitë
Eroe	Hero
Forza	Forcë
Fulmine	Rrufe
Gelosia	Xhelozia
Guerriero	Luftëtari
Immortalità	Pavdekësia
Labirinto	Labirint
Leggenda	Legjenda
Magico	Magjike
Mortale	Vdekshëm
Mostro	Përbindësh
Tuono	Bubullima
Vendetta	Hakmarrje

Moda
Modës

Italiano	Shqip
Abbigliamento	Veshje
Boutique	Butik
Caro	Shkenjte
Confortevole	Rehat
Elegante	Elegante
Minimalista	Minimalist
Modello	Model
Moderno	Moderne
Modesto	Modest
Originale	Origjinal
Pizzo	Dantella
Pratico	Praktike
Pulsanti	Butonat
Ricamo	Qëndisje
Semplice	E Thjeshtë
Sofisticato	I Sofistikuar
Stile	Stili
Tendenza	Prirje
Tessuto	Pëlhurë
Trama	Cilësi

Musica
Muzikë

Album	Album
Armonia	Harmoni
Armonico	Harmonik
Ballata	Baladë
Cantante	Këngëtarja
Cantare	Këndoni
Classico	Klasike
Coro	Kori
Lirico	Lirike
Melodia	Melodi
Microfono	Mikrofon
Musicale	Muzikor
Musicista	Muzikant
Opera	Opera
Poetico	Poetike
Registrazione	Regjistrimi
Ritmico	Ritmike
Ritmo	Ritëm
Strumento	Instrument
Vocale	Vokal

Natura
Natyra

Animali	Kafshët
Api	Bletët
Artico	Arktik
Bellezza	Bukuri
Deserto	Shkretëtirë
Dinamico	Dinamike
Erosione	Erozioni
Fiume	Lumi
Fogliame	Gjeth
Foresta	Pyll
Ghiacciaio	Akullnajë
Montagne	Malet
Nebbia	Mjegull
Nuvole	Retë
Rifugio	Strehë
Santuario	Shenjtërorja
Selvaggio	I Egër
Sereno	Qetë
Tropicale	Tropikal
Vitale	Jetësore

Nutrizione
Të Ushqyerit

Amaro	E Hidhur
Appetito	Oreksi
Bilanciato	Balancuar
Calorie	Kaloritë
Carboidrati	Karbohidratet
Commestibile	Ngrënshëm
Dieta	Dietë
Digestione	Tretje
Fermentazione	Fermentimi
Gusto	Aromë
Liquidi	Lëngjet
Peso	Pesha
Proteine	Proteinat
Qualità	Cilësia
Salsa	Salcë
Salute	Shëndeti
Sano	I Shëndetshëm
Spezie	Erëza
Tossina	Toksinë
Vitamina	Vitamina

Oceano
Oqeani

Anguilla	Ngjala
Balena	Balena
Barca	Varkë
Corallo	Koral
Delfino	Delfin
Gamberetto	Karkaleca
Granchio	Gaforrja
Maree	Baticat
Medusa	Kandil Deti
Onde	Valët
Ostrica	Gocë Deti
Pesce	Peshk
Polpo	Oktapod
Sale	Kripë
Scogliera	Gumë
Spugna	Sfungjer
Squalo	Peshkaqen
Tartaruga	Breshkë
Tempesta	Stuhi
Tonno	Tuna

Paesaggi
Peizazhet

Cascata	Ujëvarë
Collina	Kodër
Deserto	Shkretëtirë
Fiume	Lumi
Geyser	Gejzer
Ghiacciaio	Akullnajë
Grotta	Shpellë
Iceberg	Ajsberg
Isola	Ishull
Lago	Liqeni
Mare	Det
Montagna	Mal
Oasi	Oazë
Oceano	Oqean
Palude	Moçal
Penisola	Gadishull
Spiaggia	Plazh
Tundra	Tundër
Valle	Luginë
Vulcano	Vullkan

Paesi #1
Vendet Numër 1

Brasile	Brazil
Cambogia	Kamboxhia
Canada	Kanada
Egitto	Egjipt
Finlandia	Finlanda
Germania	Gjermani
India	Indi
Iraq	Irak
Israele	Izraelit
Libia	Libi
Mali	Mali
Marocco	Marok
Norvegia	Norvegji
Panama	Panama
Polonia	Poloni
Romania	Rumani
Senegal	Senegal
Spagna	Spanjë
Venezuela	Venezuelë
Vietnam	Vietnam

Paesi #2
Vendet #2

Albania	Shqipëria
Danimarca	Danimarkë
Etiopia	Etiopi
Giamaica	Xhamajka
Giappone	Japoni
Grecia	Greqi
Haiti	Haiti
Indonesia	Indonezi
Irlanda	Irlanda
Laos	Laos
Liberia	Liberi
Messico	Meksikë
Nepal	Nepal
Nigeria	Nigeri
Pakistan	Pakistan
Russia	Rusi
Siria	Siri
Sudan	Sudan
Ucraina	Ukrainë
Uganda	Ugandë

Piante
Bimët

Albero	Pemë
Bambù	Bambu
Botanica	Botanikë
Cactus	Kaktus
Cespuglio	Bush
Crescere	Rritu
Edera	Ivy
Erba	Bari
Fagiolo	Fasule
Fertilizzante	Pleh
Fiore	Lule
Flora	Flora
Foglia	Fletë
Fogliame	Gjeth
Foresta	Pyll
Giardino	Kopsht
Muschio	Myshk
Petalo	Petal
Radice	Rrënjë
Vegetazione	Bimësia

Professioni #1
Profesionet Numër 1

Allenatore	Trajner
Ambasciatore	Ambasador
Artista	Artist
Astronomo	Astronom
Avvocato	Avokat
Ballerino	Balerin
Banchiere	Bankier
Cacciatore	Gjuetar
Cartografo	Hartograf
Editore	Redaktor
Farmacista	Farmacist
Geologo	Gjeolog
Gioielliere	Gjuhari
Idraulico	Hidraulik
Infermiera	Infermiere
Musicista	Muzikant
Pianista	Pianist
Psicologo	Psikolog
Scienziato	Shkencëtar
Veterinario	Veteriner

Professioni #2
Profesionet Numër 2

Astronauta	Astronaut
Bibliotecario	Bibliotekar
Biologo	Biolog
Chirurgo	Kirurg
Dentista	Dentisti
Filosofo	Filozof
Fotografo	Fotograf
Giardiniere	Kopshtar
Giornalista	Gazetar
Illustratore	Ilustrues
Ingegnere	Inxhinier
Insegnante	Mësues
Inventore	Shpikësi
Investigatore	Hetues
Linguista	Gjuhëtar
Medico	Mjek
Pilota	Pilot
Pittore	Piktor
Ricercatore	Studiues
Zoologo	Zoolog

Psicologia
Psikologjia

Appuntamento	Emërimi
Clinico	Klinike
Cognizione	Njohje
Comportamento	Sjellje
Conflitto	Konflikt
Ego	Ego
Emozioni	Emocionet
Esperienze	Përvojat
Idee	Ide
Inconscio	Pavetëdije
Infanzia	Fëmijëria
Pensieri	Mendime
Percezione	Perceptimi
Personalità	Personalitet
Problema	Problem
Realtà	Realitet
Sensazione	Ndjesi
Subconscio	Nënvetëdija
Terapia	Terapia
Valutazione	Vlerësimi

Riempire
Për të Mbushur

Bacino	Legen
Barile	Fuçi
Borsa	Çantë
Bottiglia	Shishe
Busta	Zarf
Cartella	Dosje
Cartone	Kartoni
Cassa	Arkë
Cassetto	Sirtar
Cesto	Shportë
Nave	Anije
Pacchetto	Pako
Scatola	Kuti
Secchio	Kovë
Tasca	Xhep
Tubo	Gyp
Valigia	Valixhe
Vasca	Vaskë
Vaso	Vazo
Vassoio	Tabaka

Riscaldamento Globale
Ngrohja Globale

Ambientale	Mjedisore
Artico	Arktik
Attenzione	Kujdes
Clima	Klima
Crisi	Kriza
Dati	Të Dhëna
Energia	Energji
Futuro	E Ardhmja
Gas	Gaz
Generazioni	Brezat
Governo	Qeverisë
Habitat	Habitatet
Industria	Industria
Internazionale	Ndërkombëtare
Legislazione	Legjislacioni
Ora	Tani
Popolazioni	Popullatat
Scienziato	Shkencëtar
Sviluppo	Zhvillimi
Temperature	Temperaturat

Ristorante #2
Restoranti Numër 2

Acqua	Uji
Aperitivo	Meze
Bevanda	Pije
Cameriere	Kamarier
Cena	Darka
Cucchiaio	Lugë
Delizioso	E Shijshme
Forchetta	Pirun
Frutta	Fruta
Ghiaccio	Akull
Insalata	Sallatë
Minestra	Supë
Pesce	Peshk
Pranzo	Drekë
Sale	Kripë
Sedia	Karrige
Spezie	Erëza
Torta	Tortë
Uova	Vezë
Verdure	Perimet

Salute e Benessere #1
Shëndeti dhe Mirëqenia #1

Abitudine	Zakon
Altezza	Lartësia
Attivo	Aktiv
Batteri	Bakteret
Clinica	Klinika
Fame	Uria
Farmacia	Farmaci
Frattura	Frakturë
Medicina	Mjekësi
Medico	Doktor
Muscoli	Muskujt
Nervi	Nervat
Ormoni	Hormonet
Pelle	Lëkurës
Postura	Postura
Riflesso	Refleks
Rilassamento	Çlodhje
Terapia	Terapia
Trattamento	Trajtimi
Virus	Virusi

Salute e Benessere #2
Shëndeti dhe Mirëqenia #2

Allergia	Alergjia
Anatomia	Anatomia
Appetito	Oreksi
Caloria	Kalori
Corpo	Trupi
Dieta	Dietë
Digestione	Tretje
Disidratazione	Dehidratim
Energia	Energji
Genetica	Gjenetika
Igiene	Higjiena
Infezione	Infeksioni
Malattia	Sëmundje
Massaggio	Masazh
Nutrizione	Të Ushqyerit
Ospedale	Spital
Peso	Pesha
Sangue	Gjak
Sano	I Shëndetshëm
Vitamina	Vitamina

Scienza
Shkenca

Atomo	Atom
Chimico	Kimike
Clima	Klima
Dati	Të Dhëna
Esperimento	Eksperiment
Evoluzione	Evolucioni
Fatto	Fakt
Fisica	Fizika
Fossile	Fosile
Gravità	Graviteti
Ipotesi	Hipoteza
Laboratorio	Laborator
Metodo	Metoda
Minerali	Mineralet
Molecole	Molekulat
Natura	Natyra
Organismo	Organizëm
Osservazione	Vrojtim
Particelle	Grimcat
Scienziato	Shkencëtar

Spezie
Melmesat

Aglio	Hudhër
Amaro	E Hidhur
Anice	Anise
Cannella	Kanellë
Cardamomo	Kardamom
Cipolla	Qepë
Coriandolo	Koriandër
Cumino	Qimnon
Curry	Kerri
Dolce	E Ëmbël
Finocchio	Kopër
Gusto	Aromë
Liquirizia	Jamball
Noce Moscata	Arrëmyshk
Paprika	Spec i Kuq
Pepe	Piper
Sale	Kripë
Vaniglia	Vanilje
Zafferano	Shafran
Zenzero	Xhenxhefil

Sport
Sport

Allenatore	Trajner
Atleta	Atlet
Capacità	Aftësi
Ciclismo	Çiklizëm
Corpo	Trupi
Danza	Vallëzimi
Dieta	Dietë
Forza	Forcë
Jogging	Vrapim
Massimizzare	Maximizo
Metabolico	Metabolike
Muscoli	Muskujt
Nutrizione	Të Ushqyerit
Obiettivo	Qëllimi
Ossa	Kockat
Programma	Programi
Resistenza	Qëndrueshmëri
Salute	Shëndeti
Sportivo	Sportet
Stretching	Shtrihen

Strumenti Musicali
Instrumentet Muzikore

Armonica	Harmonikë
Arpa	Harp
Banjo	Banjo
Chitarra	Kitarë
Clarinetto	Klarinetë
Fagotto	Fageg
Flauto	Flaut
Gong	Gong
Mandolino	Mandolinë
Marimba	Marimba
Oboe	Oboe
Percussione	Goditje
Pianoforte	Piano
Sassofono	Saksofon
Tamburello	Dajre
Tamburo	Daulle
Tromba	Trumbetë
Trombone	Trombon
Violino	Violinë
Violoncello	Violonçel

Tempo
Koha

Anno	Viti
Annuale	Vjetor
Calendario	Kalendar
Decennio	Dekade
Dopo	Pas
Futuro	E Ardhmja
Giorno	Dita
Ieri	Dje
Mattina	Mëngjes
Mese	Muaj
Mezzogiorno	Mesditë
Minuto	Minutë
Momento	Moment
Notte	Natë
Oggi	Sot
Ora	Orë
Presto	Së Shpejti
Prima	Para
Secolo	Shekulli
Settimana	Java

Tipi di Capelli
Llojet e Flokeve

Argento	Argjendi
Asciutto	Thatë
Bianco	E Bardhë
Biondo	Bjond
Breve	I Shkurtër
Calvo	Tullac
Colorato	Me Ngjyrë
Grigio	Gry
Intrecciato	Endur
Lungo	Gjatë
Marrone	Kafe
Morbido	Butë
Nero	E Zezë
Ondulato	Me Onde
Riccio	Kaçurrel
Riccioli	Curls
Sano	I Shëndetshëm
Sottile	I Hollë
Spessore	E Trashë
Trecce	Gërsheta

Uccelli
Zogjtë

Airone	Heron
Anatra	Rosa
Aquila	Shqiponja
Cicogna	Lejlek
Cigno	Mjellmë
Colomba	Pëllumb
Cuculo	Qyqe
Falco	Shikurt
Fenicottero	Flamingo
Gabbiano	Pulëhardhë
Oca	Patë
Pappagallo	Papagall
Passero	Harabeli
Pavone	Pallua
Pellicano	Pelikan
Pinguino	Pinguin
Pollo	Pulë
Struzzo	Struci
Tucano	Toucan
Uovo	Vezë

Universo
Gjithësi

Asteroide	Asteroidi
Astronomia	Astronomi
Astronomo	Astronom
Atmosfera	Atmosferë
Buio	Errësirë
Celeste	Qiellore
Cielo	Qiell
Cosmico	Kozmike
Emisfero	Hemisfera
Galassia	Galaktikë
Latitudine	Gjerësi
Longitudine	Gjatësia
Luna	Hëna
Orbita	Orbita
Orizzonte	Horizont
Solare	Diellore
Solstizio	Solstic
Telescopio	Teleskop
Visibile	E Dukshme
Zodiaco	Zodiakut

Vacanze #2
Pushimet Numër 2

Aeroporto	Aeroport
Campeggio	Kamping
Destinazione	Destinacioni
Foto	Fotografitë
Hotel	Hotel
Isola	Ishull
Mappa	Hartë
Mare	Det
Montagne	Malet
Passaporto	Pasaportë
Ristorante	Restorant
Spiaggia	Plazh
Straniero	I Huaj
Taxi	Taksi
Tempo Libero	Koha e Lirë
Tenda	Çadër
Trasporto	Transporti
Treno	Tren
Viaggio	Udhëtim
Visto	Viza

Veicoli
Automjetet

Aereo	Aeroplan
Ambulanza	Ambulanca
Auto	Makina
Autobus	Autobus
Barca	Varkë
Bicicletta	Biçikletë
Camion	Kamion
Caravan	Karvan
Elicottero	Helikopter
Metropolitana	Metro
Motore	Motor
Pneumatici	Goma
Razzo	Raketë
Scooter	Skuter
Sottomarino	Nëndetëse
Taxi	Taksi
Traghetto	Traget
Trattore	Traktor
Treno	Tren
Zattera	Raft

Verdure
Perimet

Aglio	Hudhër
Broccolo	Brokoli
Carciofo	Angjinarja
Carota	Karrota
Cetriolo	Kastravec
Cipolla	Qepë
Fungo	Kërpudha
Insalata	Sallatë
Melanzana	Patëllxhan
Patata	Patate
Pisello	Bizele
Pomodoro	Domate
Prezzemolo	Majdanoz
Rapa	Rrepë
Ravanello	Rrepkë
Scalogno	Shallot
Sedano	Selino
Spinaci	Spinaq
Zenzero	Xhenxhefil
Zucca	Kungull

Vestiti
Rrobat

Abito	Veshje
Braccialetto	Byzylyk
Camicetta	Bluzë
Camicia	Këmishë
Cappello	Kapelë
Cappotto	Pallto
Cintura	Rrip
Collana	Gjerdan
Giacca	Xhaketë
Gonna	Skaj
Grembiule	Platformë
Guanti	Doreza
Jeans	Xhins
Maglione	Triko
Moda	Moda
Pantaloni	Pantallona
Pigiama	Pizhama
Sandali	Sandale
Scarpa	Mbath
Sciarpa	Shall

Congratulazioni

Ce l'hai fatta!

Speriamo che questo libro vi sia piaciuto tanto quanto a noi è piaciuto concepirlo. Ci sforziamo di creare libri della più alta qualità possibile.
Questa edizione è progettata per fornire un apprendimento intelligente, di qualità e divertente!

Le è piaciuto questo libro?

Una Semplice Richiesta

Questi libri esistono grazie alle recensioni che pubblicate.

Puoi aiutarci lasciando una recensione
ora a questo link ?

BestBooksActivity.com/Recensioni50

SFIDA FINALE!

Sfida n°1

Sei pronto per il tuo gioco gratuito? Li usiamo sempre, ma non sono così facili da trovare - ecco i **Sinonimi!**
Scrivi 5 parole che hai trovato nei puzzle (n° 21, n° 36, n° 76) e prova a trovare 2 sinonimi per ogni parola.

Scrivi 5 parole del *Puzzle 21*

Parole	Sinonimo 1	Sinonimo 2

Scrivi 5 parole del *Puzzle 36*

Parole	Sinonimo 1	Sinonimo 2

Scrivi 5 parole del *Puzzle 76*

Parole	Sinonimo 1	Sinonimo 2

Sfida n°2

Ora che ti sei riscaldato, scrivi 5 parole che hai trovato nei puzzle n° 9, n° 17 e n° 25 e cerca di trovare 2 contrari per ogni parola. Quanti ne puoi trovare in 20 minuti?

Scrivi 5 parole del **Puzzle 9**

Parole	Antonimo 1	Antonimo 2

Scrivi 5 parole del **Puzzle 17**

Parole	Antonimo 1	Antonimo 2

Scrivi 5 parole del **Puzzle 25**

Parole	Antonimo 1	Antonimo 2

Sfida n°3

Grande! Questa sfida non è niente per te!

Pronto per la sfida finale? Scegli 10 parole che hai scoperto nei diversi puzzle e scrivile qui sotto.

1.	6.
2.	7.
3.	8.
4.	9.
5.	10.

Ora scrivi un testo pensando a una persona, un animale o un luogo che ti piace.

Puoi usare l'ultima pagina di questo libro come bozza.

La tua composizione:

TACCUINO:

A PRESTO!

Tutta la Squadra